COLECCIÓN KARMEL

César Costa

EDITH STEIN

una luz para la humanidad

FONTE
GRUPO EDITORIAL

EDITORIAL
MONTE CARMELO

Imagen de portada:
Monumento a Edith Stein Denkmal, Börsenplatz, Colonia (Alemania).
Escultura de Bert Gerresheim, 1999.
Fotografía de César Costa, 2022.

© 2024 by César Costa
© 2024 by Grupo Editorial Fonte
P. del Empecinado, 1; Apdo. 19 – 09080 – Burgos
Tfno.: 947 25 60 61

www.montecarmelo.com
www.grupoeditorialfonte.com
editorial@grupoeditorialfonte.com

ISBN: 978-84-10023-48-2
Depósito Legal: BU 274-2024

Impresión y Encuadernación:
Grupo Editorial Fonte – Burgos
Impreso en España. Printed in Spain

ÍNDICE

PREFACIO

Pocos autores han despertado un interés biográfico tan amplio como el de Edith Stein, o Santa Teresa Benedicta de la Cruz. Son ya más de 300 las biografías que han sido publicadas en prácticamente la totalidad de nuestra Tierra. Un dato que evidencia lo peculiar e impactante de su vida y, al mismo tiempo, nos subraya el interés que ha suscitado. Cuando pudiera parecer que el interés decrece, la celebración de diversos aniversarios en relación con su vida, han seguido motivando y abriendo aún más el campo de interés.

El presente año, 2024, coincide precisamente con el 25 aniversario de su proclamación como Copatrona de Europa por parte de San Juan Pablo II. El año pasado fue el 25 aniversario de su canonización. Y un año antes, 2022, era el centenario de su bautismo. Lejos de ser un personaje del pasado, Edith Stein continúa despertando interés, nuevos estudios y nuevas perspectivas de acercamiento, dada la riqueza y amplitud de su pensamiento.

De hecho, Edith Stein es de esos personajes que fascinan por su incansable búsqueda, por su constante anhelo de encontrar el sentido y la verdad. Una mujer, filósofa y pensadora profunda, pero no de escritorio o de biblioteca, porque la principal fuente de sus investigaciones es siempre la vida concreta, el problema o problemas del ser humano. Una mujer que aúna la existencia a la reflexión y el pensamiento. Una mujer que supo abrirse a descubrir y potenciar lo mejor del ser humano, incluso en un contexto histórico tan adverso. No extraña, por eso, que siga despertando interés, y que el número de estudios y libros sobre ella se siga multiplicando.

A toda esa amplísima literatura se une ahora este nuevo trabajo, fruto de la investigación y de la profunda admiración por Edith del P. Cesar Costa, religioso pasionista portugués. No es la primera vez que escribe sobre Edith, a la que conoce bien y a la que ha dedicado ya varios trabajos y publicaciones.

Este libro, que él mismo presenta como un homenaje a Edith Stein, en ocasión de los aniversarios recurrentes, está lleno de sencillez y frescura a la hora de presentarnos la figura de Edith Stein y de su significado para el hombre de hoy. Es un libro, además, cargado de emociones que nos acercan a comprender mejor al personaje, superando así la tentación de una biografía fría, cargada de fechas y acontecimientos. Y aquí es donde radica uno de los valores de este libro.

En su objetivo por acercar la figura de Teresa Benedicta a un público amplio, desgrana, en una primera parte, el proceso humano y espiritual de la Mártir de Auschwitz, consiguiendo sintetizar de manera clara el complejo proceso de una vida. Y no olvida incorporar aspectos que otras muchas biografías olvidan o reducen al misterio, ofreciendo al lector un panorama amplio del proceso vital de Edith Stein.

Pero el libro no se queda solo en lo biográfico, sino que ofrece otros apartados capaces de ampliar la comprensión del personaje, tanto desde el sentido eclesial de su martirio, como de la amplitud y variedad de la obra escrita. En su conjunto este libro termina siendo una buena introducción, no solo a la biografía, sino también a la obra de una de las más grandes figuras del siglo XX.

Francisco Javier Sancho Fermín
Perth (Australia), 19 de marzo de 2024

INTRODUCCIÓN

«Escucha, Israel:
el Señor nuestro Dios es el único Señor.
Amarás al Señor tu Dios con todo tu corazón,
con toda tu alma y con toda tu fuerza.
Queden en tu corazón estas palabras que yo te dicto hoy».

Deut 6,4-6

Esta Introducción asume intencionalmente este comienzo del *Shemá Israel* (Deut 6,4-6) como el máximo sintetizador de fe y confianza en Dios, que acompaña la vida y el camino de cada judío. Según la tradición judía, debe pronunciarse dos veces al día y enseñarse, de generación en generación, como un recordatorio de la presencia de Dios. En este pasaje, su invitación es a escuchar, porque se dirá y hará algo importante: el Señor es único y debes amarlo, con todo tu corazón, con toda tu alma y con todas tus fuerzas, con la totalidad de tu ser y existencia. Estas palabras y oraciones han sido repetidas por miles de hombres y mujeres a lo largo de los siglos como una canción arraigada que da forma a la vida cotidiana, como una oración que fluye desde las profundidades del ser humano, como un compromiso que invoca la protección de Dios, en una unión de la cabeza, el corazón y las manos, como uno solo, en armonía con Dios, como memoria que cierra la unión de un pueblo.

Es en esta conciencia colectiva y profunda de un pueblo que emerge Edith Stein: insertada en la primera mitad del siglo XX y en el espacio concreto de Alemania, el escenario de este viejo continente, que está presenciando grandes mutaciones y desfiguraciones colosales, que han teñido la historia. La trascendencia del momento que vive, como protagonista de la historia, la convierte en testigo experiencial de una nueva era, que está inaugurando, encajando, en sí misma, el ser judía, filósofa, feminista, activista, humanista, antropóloga, pedagoga, cristiana, teóloga, monja, mártir y profeta, cuyo legado supera el tiempo y sigue vigente para hoy.

Fue con esta personalidad, su vida y su obra, que me encontré en el primer semestre del año académico 2007/2008, en el Seminario de Teología *Neurociencias, inteligencia espiritual y teología en Occidente*[1], guiados por la profesora Isabel Varanda, en la Facultad de Teología de la Universidad católica Portuguesa de Braga. En este contexto, descubrí los contornos biográficos e históricos de esta mujer, que pronto se convirtió en la motivación fundamental para la tesis final de Máster en Teología, en la misma universidad. Siempre alimentando la admiración por Edith Stein, figura singular del siglo pasado, no dejé de estudiar su vida, su historia, su camino de búsqueda de la Verdad, emprendido una vez por ella y hoy, por nosotros.

Hay personajes particularmente inspiradores que nos hacen descubrir y abrir caminos, ayudándonos a comprender mejor los momentos de crisis en la historia. Son estas figuras las que, con sus vidas e historias concretas, iluminan las noches oscuras y nos hacen redescubrir la Luz, dan voz a las palabras, tantas veces silenciadas por la fugacidad de la vida, dan sangre a las

---

[1] Cf. César Costa, «Razão, emoção e inteligência espiritual em Edith Stein», Revista *Cenáculo* 187 (2008): 81-100.

emociones y sentimientos, que palpitan el corazón, dan carne a los dolores de una humanidad que experimenta, hoy como ayer, los mismos dolores, aunque con diferentes nombres. Son ellos quienes nos permiten reaprender la Vida y encontrar respuestas a las muchas preguntas que olvidamos hacer y buscar. Es en este grupo de hombres y mujeres, particularmente sublimes, a los que alabamos hoy, pero que ayer experimentaron el sufrimiento, el dolor y la audacia de una búsqueda, que no conocen el descanso y no se han contentado con atajos, respuestas fáciles o soluciones vulgares. Es de este coro, que evoca el canto de la Humanidad, que Edith Stein se destaca, porque «fue una gran mujer en la sociedad y en la Iglesia, que tiene mucho que enseñarnos a todos: a los creyentes y a los no creyentes, a los laicos y a los consagrados, a quienes buscan la verdad y a quienes luchan sinceramente por una humanidad mejor, a quienes se han encontrado con Cristo y también a quienes les gustaría encontrarse con Él»[2].

Con su vida, marcada por los pliegues de una Europa en guerra, por ideologías, ahogando y destruyendo la esperanza y marcada por un ritmo de cambio que, con sus novedades y contratiempos, estaba metamorfoseando indeleblemente la sociedad y los individuos, Edith supo emprender el camino de la búsqueda de algo universal, sin miedo a dejarse encontrar y, una vez encontrada por la Verdad, continúa esta aventura, en un descubrimiento permanente, sin reservas, hasta la entrega absoluta. Sus escritos no sólo nos sitúan en este camino, sino que, sobre todo, son un capital ineludible, instándonos a hacer nuestro propio camino, invitándonos a estar preparados para un cambio de paradigma, comprometiendo la historia y proyectándola a una nueva vida, a una fe adulta y a una humanidad actualizada y encarnada.

---

[2] Laurentino Novoa Pascual, «Edith Stein: Pasión por la Verdad, Pasión por Dios», Revista STAUROS, Teología de la Cruz 39 (2003): 67.

Buscaremos así que la vida tenaz de Edith Stein y su fuerte legado sean la brújula para guiarnos en este camino, marcado por la búsqueda y por la Cruz, redescubriendo la actualidad de su testimonio como responsabilidad personal y colectiva, en un mundo en constante transformación, donde todo cambia, rápidamente y a un ritmo acelerado. Al igual que Edith Stein, hoy seguimos siendo impulsados y desafiados a «escrutar a fondo los signos de la época e interpretarlos a la luz del Evangelio, de forma que, acomodándose a cada generación, pueda la Iglesia responder a los perennes interrogantes de la humanidad sobre el sentido de la vida presente y de la vida futura y sobre la mutua relación de ambas» (GS 4).

Que el vigésimo quinto aniversario de la proclamación de Santa Teresa Benedicta de la Cruz como copatrona de Europa (1999-2024), después de celebrar 25 años de su canonización (1998-2023) y el centenario de su bautismo (1922-2022), tras una búsqueda incansable, motive el camino de la conversión personal continua, que dirige, una y otra vez de una manera nueva, a Jesucristo. Al mismo tiempo, que sea un estímulo y una invitación a volver al Evangelio, en un tiempo tan diferente en la coyuntura, pero tan similar en las circunstancias, al experimentado por Edith Stein, quien, en la contemporaneidad de su pensamiento, nos desafía a encarnar los caminos de la historia, redescubriendo y asumiendo nuestra verdadera identidad.

Esta mujer única, que supo combinar su identidad de judía, filósofa, cristiana y consagrada carmelita, queda bien reflejada en el monumento diseñado por Bert Gerresheim, erigido en 1999, en Börsenplatz, Colonia (Alemania), cuya fotografía ilustra la portada de este libro.

En este monumento, que se suma a varios erigidos en su honor, en Alemania y otros países, Edith Stein se presenta de tres maneras, lo que por la similitud del rostro nos muestra claramente que se trata de la misma persona. Las tres formas distintas de retratarla traducen toda su identidad y trayectoria de vida: como judía, en la mujer sentada y apoyada en una estrella de David, símbolo de sus orígenes; como filósofa, portando algunos libros, en la mujer dividida por la mitad, denunciando su lucha ideológica, a través de la filosofía, hasta su conversión a la fe católica, teniendo a sus pies un libro que evocan la vida y escritos de Santa Teresa de Jesús y el escudo carmelita; como monja carmelita, llevando en sus manos una cruz y hacia la que dirige su mirada, en actitud de paso firme, en su camino hacia el martirio, realizado en los campos de concentración, compartiendo con tantos que, sufriendo la misma suerte, se ven representados en las innumerables huellas de zapatos, donde se destaca, junto a ella, las huellas con el nombre de Rosa, que recuerdan a su hermana que, con ella, fue deportada y asesinada el 9 de agosto de 1942. Tres perspectivas de una vida rica y profunda, que nos hace contemplar a la misma mujer que, asumiendo la identidad de su pueblo, recorriendo el camino de la filosofía y abrazando a Cristo, a través de su conversión, la inserta en un memorial que evoca a todos los que sufrieron y murieron a la sombra de una ideología extremista y de muerte. Un memorial que, en honor a esta mujer, en medio de la plaza y de la vida actual, nos invita a mantener viva su memoria, en un grito silencioso, pero activo y comprometido con quienes siguen siendo perseguidos.

Que la vida y los escritos de Edith Stein sean el diapasón en el que sintonicemos nuestra mirada y con el que marquemos el ritmo de nuestra historia. Que sea el camino y la búsqueda de Teresa Benedicta de la Cruz lo que guíe nuestro propio camino. Y que seamos nosotros los que hoy acojamos el pequeño grano de mostaza que, a medida que crece, se convierte en el árbol más grande del jardín (cf. Mt 13,31-32), en esta búsqueda siempre nueva que proporciona el encuentro con la Verdad.

Con San Juan Pablo II, 25 años después de proclamar, en octubre de 1999, copatronas de Europa Santa Brígida de Suécia, Santa Catalina de Siena y a Santa Teresa Benedicta de la Cruz podamos repetir, desde nuestras vidas y en nuestro mundo: «Declarar hoy a Edith Stein copatrona de Europa significa poner en el horizonte del viejo continente una bandera de respeto, de tolerancia y de acogida que invita a hombres y mujeres a comprenderse y a aceptarse, más allá de las diversidades étnicas, culturales y religiosas, para formar una sociedad verdaderamente fraterna»[3].

---

[3] Papa Juan Pablo II, Carta Apostólica: *Motu Proprio datae quibus Sancta Birgitta de Suetia, Sancta Catharina Senensis et Sancta Teresia Benedicta a Cruce continental Europae compatronae proclamantur*, AAS 92 (2000), 228.

EDITH STEIN:
UNA VIDA EN BUSCA

«Ese día tenía para mí una significación especial.
Yo había nacido el día de la Reconciliación
y mi madre celebraba siempre en la fiesta de la Reconciliación
mi cumpleaños»[4].

En un universo tan amplio, multifacético y rico en pensamiento, sentimiento y contenido, confinar a Edith Stein y su vigorosa personalidad a un escrito biográfico[5] es, sin duda, un desafío enorme, revestido de gran coraje, porque capitaliza una de las figuras cardinales del cristianismo y la sociedad occidental del siglo XX.

Edith vive un tiempo único en Europa, que pasa por dos guerras mundiales, que marcan su espíritu. En este escenario, austero e impregnado de restricciones, sabe descubrir y vivir su condición de mujer, judía, ciudadana alemana, intelectual, católica y consagrada. Una vida, de

---

[4] Edith Stein, *Estrellas amarillas. Autobiografía: infancia y juventud.* Trad. Carlos Castro Cubells y Ezequiel García Rojo (Madrid: Editorial de Espiritualidad, 2006), 61.

[5] Este libro corresponde al primer capítulo, traducido al español, de mi tesis en Teología "Edith Stein: Verdade e Cruz. Caminho de procura e ponto de encontro", presentada y defendida en diciembre de 2021. Ya cuando se preparaba este libro biográfico, surgió la posibilidad de publicación de toda la tesis en Portugal.

sólo cincuenta años (1891-1942), está patentada en los innumerables y valiosos escritos, que produce, evidenciando en ellos conocimientos, habilidades, competencias y actitudes, referenciados a valores, revelando alta inteligencia e intrínseca a su camino existencial digno, coherente, notable y, siempre, guiado por la razón y el significado en busca de la verdad. «Edith nos hace sentirnos incómodos, porque su existencia fuera de lo común nos parece a posteriori de tanta coherencia que choca contra nuestros esquemas pre-establecidos, según los cuales todo debería estar definido y ser inmutable desde el origen»[6].

La singularidad de su vida, sostenida por el descubrimiento de la verdad, ofrece una contribución especial a la Iglesia, al mundo y, de modo particular, a Europa, de la que más tarde se convertiría en su patrona. Recibe este título y protagonismo no sólo porque otorga a la sociedad su pensamiento filosófico, sino, sobre todo, porque supo vivir momentos trascendentales en la historia de este viejo continente, partiendo de la lucidez de la razón y de la fe, con integridad humana y cristiana, siendo víctima testimonial de una historia marcada por la sinrazón, por el desprecio por lo humano y lo divino y por la capacidad de descender al nivel más bajo de animalidad y monstruosidad, que aniquila vidas a la sombra de ideologías de muerte. Al respecto, Edith escribiría en el prólogo de su *Autobiografía*:

> «"Me gustaría saber cómo ha llegado Hitler a ese horroroso odio contra los judíos", decía una de mis amigas judías en aquellas conversaciones en las que nos esforzábamos por comprender lo que se nos había venido encima»[7].

---

6 Joachim Bouflet, *Edith Stein: Filósofa crucificada* (Santander: Editorial Sal Terrae, 2001), 11.

7 Stein, *Estrellas amarillas*, 15. Porque queremos dejarnos guiar, esencialmente, por los escritos de Edith Stein, hemos optado por

Para acceder mejor y comprender la vida de Edith, elegimos hacer una subdivisión, sabiendo de antemano que la vida no es algo hermético y que los eventos y hechos no son un trabajo fortuito o accidental en existencia. Sólo cuando se observan como un todo es posible aprehender la vida como un todo, incluso si, a distancia del tiempo, es posible descubrir de otra manera, con otros ojos, y a la luz de algunos acontecimientos, examinar y comprender otros, incluso por qué esta santa vivió en medio de un siglo atormentado, donde identificó las esperanzas desgarradas por él y también sus contradicciones y fracasos: «en ella, todo expresa el tormento de la búsqueda y la fatiga de la "peregrinación" existencial»[8]. Así, partiendo de esta premisa, en la búsqueda de esta peregrinación existencial, avanzaremos en una panorámica de su vida, en tres etapas, que a distancia de tiempo nos ayudan a leer mejor su biografía: del judaísmo al cristianismo, como proceso de descubrimiento de la fe, de la verdad y de sí misma; del Bautismo a la Consagración en la Vida Religiosa, en un seguimiento radical de la entrega; del Carmelo a Auschwitz-Birkenau, como un viaje en el Vía Crucis, hacia el Calvario. Una cuarta parte crecerá en la continuidad de su vida, más allá de la dimensión física y terrena, que contemplará el martirio como don para la Iglesia y para los hombres y mujeres – del martirio para la humanidad. En todas estas partes, que forman un todo, nos arriesgaremos a que Edith, a través de sus escritos, sea la interlocutora, que nos hable de su vida.

Enmarcados por dinámicas históricas y cómo influyen en el espacio y el tiempo concretos, siguiendo la lí-

---

destacar siempre, en el cuerpo del texto, los textos que son de su autoría.

[8] Papa Juan Pablo II, Carta Apostólica: *Motu Proprio datae quibus Sancta Birgitta de Suetia, Sancta Catharina Senensis et Sancta Teresia Benedicta a Cruce continental Europae compatronae proclamantur*, 226.

nea cronológica de su vida, avanzaremos, guiados por la propia Edith Stein, tratando de presentar la vida de esta mujer, que no se limitó a existir y ser espectadora en una época con cambios, sino que buscó vivir con intensidad y con voz activa en un cambio de tiempo, contribuyendo de manera consciente, crucial y profunda en las metamorfosis coyunturales.

Atrevámonos a seguir adelante en su vida, siguiendo los pasos y senderos de Edith Stein[9]. Es en esta historia de la vida, que encuentra sus inicios en el otoño del siglo XIX, en una Europa donde ve y siente el hervor del capitalismo y las políticas imperialistas, que están rozando a la sociedad y abriendo gradualmente conflictos entre potencias europeas, presenciando dos grandes Guerras Mundiales, sembrando miedo, desconfianza y muerte.

---

[9] Las subdivisiones de la vida de Edith Stein son, meramente, fruto de la organización de este libro, asiente en la *Cronología de Edith Stein* que se nos presenta en: Edith Stein, *Obras completas. Escritos y cartas autobiográficas*, Dir. Julen Urkiza y Francisco Javier Sancho, vol. I (Vitoria, Madrid, Burgos: Editorial Monte Carmelo, Ediciones El Carmen, Editorial de Espiritualidad, 2002), 119-128. Esta cronología, además, es consensuada hasta el punto de que varios autores se basan en ella. Partiendo de esta Cronología, la complementaremos con otra bibliografía, que iremos citando a lo largo del texto.

1
Del Judaísmo al Cristianismo
(1891-1921)

*«La madre, los hermanos,
el amplio círculo de parientes,
el almacén de maderas...
Este es el mundo en que las dos niñas crecieron.
Mi hermana Erna y yo vivíamos
como si fuésemos gemelas»*[10]

Esta narración no comienza con 'Era una vez...', no es una simple historia, sino una historia de vida, donde la singularidad alcanza el nivel de excelencia y donde, a pesar de situarse en ese espacio y tiempo, acompaña al presente. Una historia con mucha vida y para muchas vidas, a la vez y por muchas veces, sin agotar nunca su valor y significado, que se puede contextualizar en contemporaneidad.

Edith Stein nació en la ciudad alemana de Breslau[11], una ciudad de Europa del Este, capital de la región pru-

---

[10] Stein, *Estrellas amarillas*, 51.
[11] En alemán, Wrocław y en polaco Breslau. Para no causar confusión, decidimos traducir el nombre de esta ciudad. Actualmente, es una ciudad de Polonia, a unos 350 km de Varsovia, con una superficie de 292,82 km². Breslau tiene una historia complicada. Aparece con el nombre de Wrocław ya en el siglo XI, fundada, probablemente, en

siana de Silesia, a orillas del río Oder, que había perte-
necido durante toda la vida de Edith al Estado Federal
de Prusia, la región más extensa y poblada de Alemania
unificada en 1871. Es allí, en esta ciudad, especialmente,
simbólica en el destino de Europa, punto de conflicto entre Alemania y Polonia y puente entre la cultura germánica y eslava, con una historia moldeada por las continuas
luchas entre los tres imperios –el austriaco, el francés y
el alemán– situada en una llanura a 112 metros de alti-
tud, constituyendo su telón de fondo las montañas, al
sur de la región, que en el 12 de octubre de 1891 nació
la undécima y última hija de Siegfried Stein y Auguste
Courant: Edith Stein. Esta fecha coincide, en ese año de
1891, con la mayor fiesta judía, el gran día de Expiación, perdón y penitencia, *Yom Kipur*[12], o Fiesta de la
Reconciliación como explica Edith:

> «La fiesta judía más solemne era la de la Reconcilia-
> ción. Es el día en que una vez al año el Sumo Sacerdote
> entra en el "sancta sanctorum" y ofrece por sí mismo
> y por todo el pueblo el sacrificio de reconciliación, pre-

---

el siglo X, y fue sede episcopal, perteneciendo a Polonia hasta 1163,
cuando se formó un ducado independiente. La región de Silesia y la
ciudad pertenecían a Polonia, desde 990 hasta el siglo XIV, al Reino
de Bohemia (ahora la República Checa); a Austria entre 1526 y 1741
y a Prusia, desde la fundación del Imperio alemán por el rey de Prusia
en 1871. Desde 1945, tres años después de la muerte de Edith Stein,
Breslau es, otra vez, una ciudad polaca.

[12] *Yom Kipur*, el Día de la Expiación, es el día más sagrado y solemne
del año, en el calendario judío, que comienza al anochecer comenzando
el décimo día del mes hebreo de Tishrei (que coincide con septiembre
u octubre). En este día, los rollos de la Torá son tomados del Arca Santa
y guardados dentro de las sinagogas. El Kol Nidrei, la declaración de
la anulación de todos los votos, se recita antes de la puesta del sol.
Es un día de ayuno, abstinencia y arrepentimiento en el que se pide
perdón a Dios, pero también es de esperanza, el punto central de la
liturgia, porque Dios perdona los pecados. Cf. Augusta Fiore, *Edith Stein
fra filosofía, ebraismo y cristianismo* (Nápoles: Chirico, 2017), 99-103.
Sobre la historia del pueblo judío: Cf. Werner Keller, *História do Povo
Judeu. Da Destruição do Templo ao Novo Estado de Israel*, trad. Brito
Roma (Alfragide: Galeria Panorama, 1966).

sentando el chivo expiatorio que carga con los pecados de todo el pueblo. Todo esto ya no se hace, pero
todavía hoy ese día se celebra con ayunos y oraciones
y los que conservan aún algo de espíritu judaico visitan
el "templo"»[13].

Por esta coincidencia con la fecha de la fiesta móvil
de *Yom Kipur* «la señora Stein consideraba como signo
de la predilección del Señor la fecha de nacimiento de
su undécima hija»[14], "su pequeña", como Auguste Stein
la llamaba habitualmente. Más tarde, este simbolismo
adquirirá un significado verdadero y más amplio para
esta mujer, que, sin dejar de ser judía, se convertirá en
católica.

> «Ese día tenía para mí una significación especial. Yo
> había nacido el día de la Reconciliación y mi madre
> celebraba siempre en la fiesta de la Reconciliación mi
> cumpleaños, aun siendo movible. Esto no quiere decir
> que el 12 de octubre faltasen felicitaciones y regalos,
> (también ella celebraba su cumpleaños según el calen-
> dario judío el día de la Fiesta de los Tabernáculos, pero
> sus hijos ya no siguieron la costumbre de celebrar es-
> tas fiestas)»[15].

Desde su nacimiento, y visto a la luz de los acontecimientos, podemos decir que este es un símbolo de
lo que fue su vida: una vida vivida en la reconciliación
entre la razón y la fe, el judaísmo y el cristianismo, la
religión y la cultura, la tradición y el futuro, ofrecida
como expiación por su pueblo y por el bien común.

La ciudad de Breslau tenía, a principios del siglo XX,
un total de aproximadamente 471.000 habitantes. La
mayoría de la población, casi el 60%, era protestante

---

[13] Stein, *Estrellas amarillas*, 60.
[14] Elisabeth de Miribel, *Edith Stein, como o ouro purificado pelo
fogo* (s. l.: Editora Santuário, 2001), 34.
[15] Stein, *Estrellas amarillas*, 61.

y los católicos, que representaban alrededor del 37%, aunque no era un grupo minoritario, lo cierto es que su influencia en la sociedad era reducida, tanto social, cultural, política o económicamente. A su vez, los judíos, que solo representaban el 5% de la población, tuvieron un mayor impacto y una presencia más preponderante que los católicos[16]. Nacer a finales del siglo XIX, en una familia judía y en territorio prusiano, significaba tener la oportunidad de crecer en un ambiente liberal y más abierto, pero ser mujer significaba superar una serie de barreras discriminatorias, que harán sufrir a Edith y por las que luchará durante toda su vida.

Esta huella judía estará muy presente a lo largo de su camino existencial, incluso después de su conversión al cristianismo, en el que no deja de ser judía de nacimiento, lo asume como vocación y elección, especialmente cuando se embarca en la aventura, arriesgándolo todo y enfrentándose a todos:

> «El judío es capaz de ser tenaz, esforzado e incansable, soportar privaciones año tras año, pero en tanto en cuanto tenga la meta ante sus ojos»[17].

Su padre, Siegfried Stein (1844-1893) era nativo de Gliwice y trabajó en el comercio familiar de madera, donde aprendió el oficio y luego se estableció por su cuenta. Su madre, Auguste Courant (1849-1936), natural de Lubliniec, se dedicó a la educación de once hijos, a los que tuvieron –cuatro de los cuales murieron cuando eran niños– después de casarse el 2 de agosto de 1871, siendo Edith la más joven: Paul (1872-1942); Selma (1873-1874); Else (1876-1954); Hedwing (1877-1880); Arno (1879-1948); Ernesto (1880-1882); Elfriede

---

[16] Cf. Francisco Javier Sancho Fermín, *100 Fichas sobre "Edith Stein"* (Paço de Arcos: Edições Carmelo, 2008), 11.

[17] Stein, *Estrellas amarillas*, 71.

(1881-1942); Rosa (1883-1942); Richard (1884-1884) y Erna (1890-1978):[18]

> «Mi madre ha tenido once hijos, de los cuales cuatro murieron de pequeños. [...] La pequeña Hedwig, una niña encantadora que ya empezaba a ayudar a la madre, murió en la epidemia. [...] También perdió un niño al que distinguió con especial cariño, el pequeño Ernst. (Los otros dos que se le murieron eran tan pequeños que el dolor de su pérdida no había sido tan grande como el de estos ya mayorcitos)»[19].

La pareja vivió durante casi 11 años en Gliwice, donde Siegfried trabajó en el negocio familiar de madera, luego se mudó a Lubliniec, el lugar de nacimiento de Auguste, donde estableció su primer negocio independiente de madera, carbón y materiales de construcción, con la ayuda de sus suegros.

> «Mi abuela [paterna] no era mujer de negocios como mi madre. Se confió en un gerente que la engañó y no se dejó convencer por nadie que él no merecía su confianza. Esto movió a mis padres finalmente, a terminar las relaciones comerciales y abandonaron Gliwice. Se fueron a la tierra de mi madre y con la aportación de sus padres, pudieron abrir un negocio propio»[20].

En 1890, con el fin de proporcionar un acceso más fácil a la escuela para sus hijos y prosperar el negocio, la familia se trasladó a Breslau, donde Edith finalmente nació al año siguiente.

> «Como no era posible el prosperar económicamente en Lubliniec, mis padres decidieron trasladarse a Breslau. También esta determinación fue motivada porque,

---

[18] Cf. Sancho Fermín, *100 Fichas sobre "Edith Stein"*, 12.
[19] Stein, *Estrellas amarillas*, 28.
[20] Stein, *Estrellas amarillas*, 28.

si no lo hacían, los niños habrían tenido que abandonar la casa para ir a la Escuela Superior»[21].

Poco a poco, la familia comienza a prosperar, después de haber comenzado a vivir en un barrio pobre de Breslau. Ya es con la situación económica más favorable que nace la última hija. Sin embargo, la prosperidad da paso a la desolación, cuando el 10 de julio de 1893, Siegfried Stein muere durante un viaje de negocios, como nos cuenta Edith en su *Autobiografía*, siendo una de las pocas veces que habla de él[22]:

> «Mi padre murió en un viaje de negocios, de una insolación. Tuvo que ver un bosque en un día caluroso de julio y andar a pie un gran trecho. Un cartero que pasaba por aquellos contornos le vio desde lejos en el suelo, pero creyó que se había echado para descansar y no le dio más importancia. Pero cuando de vuelta, al cabo de algunas horas le vio todavía en el mismo sitio, se acercó y lo encontró muerto. Le dieron la noticia a mi madre y trasladó el cadáver a Breslau. El lugar donde murió mi padre está entre Frauenwaldau y Goschütz»[23].

Con la muerte de su padre, su madre asumió la responsabilidad del comercio de madera de su marido. «La situación familiar parece tambalearse, pero la fortaleza y predisposición de la señora Auguste para trabajar, así como su sentido del olfato para los negocios, impidieron que la familia Stein colapsara y se hundiera en la pobreza»[24].

---

[21] Stein, *Estrellas amarillas*, 29.

[22] En su *Autobiografía* puede que nos parezca extraño que ella hable un par de veces de su padre, porque él había muerto aún ella no tenía dos años. A propósito, porque había vivido más tiempo con su madre, el título que le da al primer capítulo de su *Autobiografía* es, precisamente, *Los recuerdos de mi madre*.

[23] Stein, *Estrellas amarillas*, 30.

[24] Sancho Fermín, *100 Fichas sobre "Edith Stein"*, 12.

«Al entierro de mi padre vinieron los familiares, e inmediatamente opinaron y aconsejaron a mi madre, con siete hijos y sin medios, lo que debería hacer: naturalmente vender el negocio con déficit y tomar quizá una casa grande y alquilar habitaciones amuebladas. Lo que nos faltase lo aportarían los hermanos. Mi madre callaba a todo y solamente dirigió una mirada muy significativa a su hija mayor que entonces tenía diecisiete años. Todos comprendieron que había tomado una decisión. Quería desenvolverse por sí misma y no aceptar ninguna protección de nadie»[25].

No solo evitó la desgracia, sino que, al tener éxito en el negocio, sin descuidar la educación de sus hijos, con la ayuda de los hijos mayores, la empresa prosperó económicamente, lo que le permitió mejorar el bienestar de la familia y mudarse a una casa más grande en un área más rica, estando así más cerca del almacén de trabajo de la familia, que la madre de Edith continúa administrando y liderando.

«Recuerdo muy bien, sin embargo, la casa de la calle Jäger, número 5. Allí celebré mi tercer cumpleaños y vivimos en ella muchos años. El local lo teníamos entonces en la calle Rosa, haciendo pared con el patio de nuestra vivienda. [...] Desde la ventana de nuestra casa se podía ver el almacén de maderas»[26].

Su madre, que siempre había estado muy cerca de Edith durante toda su vida y a quien Edith considera que sus destinos están especialmente entrelazados[27], era, como lo retrata varias veces en su *Autobiografía*, una mujer íntegra y destemida, cariñosa y luchadora, con una profunda fe judía.

---

[25] Stein, *Estrellas amarillas*, 31.
[26] Stein, *Estrellas amarillas*, 43.
[27] Cf. Stein, *Estrellas amarillas*, 61.

«Así como es de amable mi madre y dispuesta a ayudar a todas las personas, es especialmente intransigente contra las faltas de carácter siguientes: hipocresía, impuntualidad y una exagerada autosuficiencia»[28].

Sus padres, particularmente su madre, eran bastante religiosos: «se enorgullecían de pertenecer al pueblo alemán y no veían en él ninguna contradicción con su origen judío y su ferviente piedad»[29]. Es una familia que respira fe, vive sostenida por ella y la siente como parte integrante de la vida y no sólo como apéndice. La pareja, entonces, solo la madre, junto con los hijos, buscan vivir de acuerdo con lo que creen y, como familia creyente y practicante, cumplir fielmente lo que se ordena, como ella señala, sobre las fiestas judías, en el primer capítulo de su *Autobiografía*:

«Entre los grandes acontecimientos de la vida del hogar están, junto a las fiestas familiares, las grandes fiestas judías. Sobre todo, la Pascua, que casi coincidía con la cristiana. También la fiesta de año nuevo y el día de la reconciliación. [...] Las fiestas se observaban con ese espíritu de tenaz consecuencia que es peculiar del espíritu judío. [...] Mi madre no acostumbraba a ir al oficio vespertino a la sinagoga, sino que lo rezaba en casa, en silencio, siguiendo su libro de oraciones, siguiéndolas puntualmente a las horas prescritas y encendía las velas de los candelabros de plata...»[30].

Desde muy temprana edad, Edith y sus hermanos, que ya asistían a la escuela, vivían muy cerca y seguían todas las rutinas escolares de tal manera que fácilmente «tropieza por doquier con libros, cuadernos, deberes, notas, y se asiste igualmente a frecuentes escenas de

---

[28] Stein, *Estrellas amarillas*, 35.
[29] Miribel, *Edith Stein, como o ouro purificado pelo fogo*, 33.
[30] Stein, *Estrellas amarillas*, 57-59.

nerviosismos, histerias, ilusiones, proyectos»[31]. La constante entre el cruce con los libros y el mundo de las letras y de la escuela molda en Edith Stein su voluntad y aptitud para dedicarse y vivir «de cara a los libros, siendo los textos sus grandes aliados y compañeros»[32]. En 1898, Edith comienza sus estudios primarios en la escuela de Viktoria. Su afán intelectual y su voluntad de estudio, que desde temprana edad ha moldeado notablemente su personalidad, la llevan a hacerse nuevas preguntas y no contentarse con respuestas inmediatas. Y es capaz de llenar el mundo de la literatura con otras lecturas paralelas, aprovechando todo su tiempo libre, como días festivos, hasta tal punto que "la abundante y buena literatura que cayó en sus manos serán cómplices de su formación intelectual a la vez que de la maduración personal»[33]. Lo mismo ocurrirá no sólo con la literatura –Grillparzer, Hebbel, Ibsen y Shakespeare[34]– leyendo con una extraordinaria capacidad de asimilación y con gran entusiasmo, sino también con la música y el teatro, como nos cuenta la propia Edith:

> «Era una felicidad sentarse en el teatro y esperar a que el pesado telón metálico se alzase lentamente. Los timbres sonaban y, por fin, se abría un nuevo mundo extraño. Entonces yo vivía por completo lo que se desarrollaba sobre las tablas y lo cotidiano desaparecía»[35].

Edith fue una estudiante aplicada y excepcional, que siempre buscó, en su dedicación a sus estudios, ir más allá, para que sus calificaciones, en varias ocasiones, fue-

---

[31] Ezequiel García Rojo, *Una mujer ante la verdad: aproximación a la filosofía de Edith Stein* (Madrid: Editorial de Espiritualidad, 2002), 20.

[32] Ezequiel García Rojo, *Sé para qué vivo. Biografía interior de Edith Stein* (Burgos: Grupo Editorial Fonte, 2016), 69.

[33] García Rojo, *Una mujer ante la verdad: aproximación a la filosofía de Edith Stein*, 23.

[34] Cf. Stein, *Estrellas amarillas*, 136.

[35] Stein, *Estrellas amarillas*, 155.

ran ocasión de elogios, premios y distinciones. Ella misma reconoce sus cualidades:

> «Fui una alumna aplicada. [...] Mis asignaturas favoritas eran alemán e historia. Nada más comenzar el curso devoraba el nuevo libro de lectura e historia. [...] Hacer composiciones por escrito constituía un placer para mí. [...] En la escuela fui bien considerada»[36].

Su extrema dedicación a sus estudios, a pesar de las interrupciones, y su pasión por el teatro y la literatura aumenta con los años. Lo mismo no puede aplicarse al campo de la fe, mantenida viva por la educación, pero nunca por imposición de la madre: «en sus primeros años ha de someterse, queriendo o no, a la fe de sus padres y seguir aquellas prescripciones, que la madre se encarga de recordar de palabra y de obra»[37]. De hecho, en su *Autobiografía*, las referencias a la fe y a su dimensión práctica y vida personal son prácticamente nulas, llegando a afirmar que, en el año 1906, teniendo entonces entre 14 y 15 años, estaba pasando por una crisis personal a mediados de su adolescencia, luchando por una mayor independencia personal y tomando las riendas de su vida, decidió abandonar la escuela y abandonar conscientemente la religión porque no le encontraba sentido.

> «Ya he contado cómo perdía mi fe infantil y cómo, casi al mismo tiempo, comencé a sustraerme, como persona independiente, a toda tutela de mi madre y hermanos. Tenía catorce años y medio y me encontraba en la clase novena de la escuela superior femenina. Era la Pascua del año seis de este siglo. Precisamente en esta época ascendía a la clase décima, a la que se pasaba por libre elección, cosa que lograban pocas alumnas, representando tal honor el gozar de algunos

---

[36] Stein, *Estrellas amarillas*, 66-67.
[37] García Rojo, *Sé para qué vivo*, 53.

privilegios. Cuando le notificaron al director que había sido dada de baja en el curso normal, me expuso con gran vehemencia todos los motivos por los que yo debía continuar todavía un año en mi clase. Pero no consiguió convencerme»[38].

En una decisión inquebrantable, estallan dos crisis, que van de la mano, en una edad crítica de desarrollo personal, psíquico y emocional: el abandono de la escuela y la pérdida de interés por los estudios, que toma a todos por sorpresa, y el alejamiento de la fe, que a pesar de disgustar profundamente y entristecer a su madre, le da total libertad.

«Mi madre no puso la menor resistencia a mi decidida voluntad. "No te forzaré –decía–, te dejé entrar en la escuela cuando tú quisiste, puedes dejarla ahora si tú lo quieres." Así dejé la escuela y fui a Hamburgo unas semanas después...»[39].

Edith, que aún no tenía 15 años, se fue a Hamburgo, a la casa de su hermana Else, permaneciendo allí desde mayo de 1906 hasta marzo de 1907, en un proceder que «puede ser considerado la huida de un mundo que se le echa encima improvisadamente y no aceptado, o la búsqueda de una salida que responda a la nueva situación sobrevenida»[40]. Este tiempo lejos de la escuela, de relaciones rotas con la fe y la religión, a pesar del ejemplo de la familia de su hermana Else, y lejos de su madre y el resto de la familia rompe nuevos horizontes, que le hacen experimentar la dificultad de ser mujer, en una vida monótona, que asume dedicándose al cuidado de sus sobrinos. Es el enfrentamiento desnudo con la realidad, salvada hasta entonces como hija menor, pero que transmite con vehemencia su insatisfacción; algo así

---

[38]　Stein, *Estrellas amarillas*, 124.
[39]　Stein, *Estrellas amarillas*, 125.
[40]　García Rojo, *Sé para qué vivo*, 75.

como la aridez del desierto, que hace más oscuras las dudas y más sentidas las angustias. Ante este angustioso disgusto que vive, decide regresar a la casa de su madre, a sus libros y a sus estudios; a lo que era, al final, su casa, es decir, regresar a su hogar y a ella misma.

Después de este tiempo de descanso, regresa a Breslau, y de marzo a septiembre de 1907, prepara su regreso a los estudios con un maestro privado, para no perder el año y terminar la escuela secundaria, lo que la hace recuperar no solo el tiempo de estudio perdido, sino también la felicidad de volver a ser ella misma, conquistando el punto de origen y su mundo, ahora sin el peso de la religión, pero concentrándose solo en ella misma y en los estudios.

Después de terminar la escuela secundaria, comenzó sus estudios en la universidad, en un momento en que el número de mujeres en este grado académico era muy pequeño, ya que no fue hasta 1908 que el Estado prusiano abrió las clases universitarias a las mujeres. El 3 de marzo de 1911 tomó el examen extraordinario antes de ingresar a la universidad y el 28 de abril de ese mismo año comenzó sus estudios universitarios en su tierra natal, matriculándose en literatura, historia, psicología y filosofía alemanas: «la universidad, como la escuela anterior, se convierte en su amado hogar, su *alma mater*»[41]. Configura su programa de estudios, eligiendo como asignaturas: Indo-germánico, germánico temprano, gramática alemana moderna, historia del drama alemán, historia prusiana de la época de Federico el Grande, historia de la constitución inglesa, griego, introducción a la psicología con William Stern, filosofía de la naturaleza con Richard Hönigswald, Historia de la filosofía y propedéutica

---

[41] García Rojo, *Una mujer ante la verdad*, 24.

filosófica, entre otros[42]. Además de su celo académico, termina integrando, de manera activa y comprometida, varios grupos con un carácter reformista, como el llamado *Grupo Pedagógico*, de estudiantes universitarios preocupados por la formación y la práctica escolar, la sociedad académica subsidiaria de la *Asociación Humbolt para la educación del pueblo*, donde dedicó parte de su tiempo a enseñar ortografía e inglés o incluso como una mujer entusiasta en la lucha por los derechos feministas, la Asociación de Mujeres Estudiantes y la Asociación Prusiana a favor del sufragio femenino[43]. Su dedicación académica, en una importante gama de materias, y su interés y participación en la realidad social, guían la vida de Edith, siempre con el objetivo de saciar su *sed* de conocimiento y guiada por el timón de la verdad, que explica al Hombre y su dignidad, en una vida feliz, pero siempre demasiado ocupada e involucrada.

Sin embargo, la visión reduccionista y mecanicista del ser humano que aportan la psicología y la filosofía no satisface a Edith y la conducen a una crisis intelectual, que la lleva a descubrir una nueva corriente filosófica, la fenomenología, iniciada por Edmund Gustav Albrecht Husserl (1859-1938), con la lectura de *Investigaciones lógicas*, durante las vacaciones navideñas de 1912, como nos cuenta en su *Autobiografía*:

> «Aproveché las vacaciones de Navidad para estudiar las *Investigaciones lógicas*. Como estaban agotadas en aquel momento, tuve que usar el ejemplar del seminario de filosofía, y allí pasaba la jornada. El profesor Hönigswald, que iba por allí frecuentemente, terminó por preguntarme qué era lo que estudiaba con tanto

---

[42] Cf. Edith Stein, *Obras completas. Escritos filosóficos (Etapa fenomenológica: 1915-1920)*, Dir. Julen Urkiza e Francisco Javier Sancho, vol. II (Vitoria, Madrid, Burgos: Editorial Monte Carmelo, Ediciones El Carmen, Editorial de Espiritualidad, 2005), Introducción 23.

[43] Cf. Sancho Fermín, *100 Fichas sobre "Edith Stein"*, 19.

interés, estando en vacaciones. "Oh, nada menos que Husserl", fue su reacción cuando vio el libro. Me sentí contenta [...] Yo estaba ya convencida de que Husserl era el filósofo de nuestro tiempo»[44].

Apasionada y consolidada por las lecturas de Husserl, «encuentra la respuesta a sus preocupaciones sobre los conceptos básicos de la esencia del alma y el significado de la existencia»[45]. Completamente cautivada por el método fenomenológico, el 17 de abril de 1913, a la edad de veintiún años, se trasladó a la Universidad de Gotinga, donde Husserl enseñó y donde el círculo fenomenológico está en plena ebullición. Emprendió un nuevo camino, cada vez más centrado en la filosofía, no sólo en las clases que tiene con Husserl, sino también involucrándose en reuniones de la *Sociedad Filosófica*, un grupo de seguidores de la filosofía husserliana que se reunían semanalmente para discutir diversos temas.

«Mi primer encuentro con Husserl no fue visitándole en su casa. Había anunciado en el tablero una entrevista preparatoria que tendría lugar en el Seminario de Filosofía. A ella debían ir también los nuevos para ser admitidos. Fue allí, pues, donde vi "estar ante mí a Husserl 'vivito'". No había nada llamativo o asombroso en su apariencia externa. Un típico distinguido profesor. De estatura mediana, aire digno, la cabeza noble y amplia. Su pronunciación denunciaba inmediatamente su nacimiento austriaco: era oriundo de Manren y había estudiado en Viena. También su vivaz amabilidad tenía algo de la antigua Viena. Acababa de cumplir cincuenta y cuatro años»[46].

---

[44]   Stein, *Estrellas amarillas*, 198-199.

[45]   Antonio Moiteiro Ramos, *Onde está a verdade? Busco-a com paixão. Por fim encontrei a Verdade!* (Aveiro: Carmelo de Cristo Redentor, 2018), 14.

[46]   Stein, *Estrellas amarillas*, 229.

Añade a su estudio, en el semestre, otras asignaturas que complementan su plan de estudios, como «historia, germanística y psicología: Borne, Heine y la Nueva Alemania, Crítica de la razón pura, Psicofísica de la sensibilidad visual y en cursos de historia con Max Lehman sobre la era del absolutismo y la ilustración, y sobre Bismark»[47]. A medida que avanza el semestre, se siente cada vez más segura de sus opciones y, al final del semestre, decide continuar sus estudios allí y hacer su tesis doctoral con Husserl.

Este cambio de universidad representa, no sólo un cambio meramente espacial, sino, sobre todo, una transformación y un progreso de pensamiento. El encuentro y el trabajo con Husserl –y con su asistente, Adolfo Reinach[48], quien iniciaba a los estudiantes de Husserl, y se convirtió en su amigo y quien, como «filósofo sincero y buscador incansable, fue la antorcha que iluminó a Edite *(sic)* en el momento más profundo de su crisis»[49]–, propicia un reencuentro con un clima religioso, aunque sin pretensiones por parte de Husserl. «Él era judío, pero converso al protestantismo. El fenómeno religioso era

---

[47] Sancho Fermín, *100 Fichas sobre "Edith Stein"*, 20.

[48] Adolf Reinach nació en 1883, en una distinguida familia judía de Maguncia, y, desde muy joven manifestó una verdadera pasión por la filosofía, leyendo la descripción que hace Platón de la vida eterna. Se dedicó a la filosofía hasta su muerte, que le sorprendió en su juventud, con treinta y cinco años, en noviembre de 1917, en Flandes durante la I Guerra mundial, y después de su conversión. Cf. Florencio García Muñoz, *Benedicta de la Cruz. Edith Stein, signo de contradicción* (Madrid: San Pablo, 2007), 79. En la vida de Edith, la pareja Adolf y Anne Reinach, ocupan un papel importante, junto con otra pareja, amigos suyos, Conrad-Martius.

[49] Francisco Javier Sancho Fermín, *Edite Stein: Modelo de uma mulher cristã*. Trad. M. Reyes. (s. l.: Edições Carmelo, 2004), 29. En esta traducción al portugués, el nombre de Edith siempre aparece traducido como Edite, no sólo en el título, sino a lo largo de toda la obra.

un tema que no escapaba a su erudición. Edith Stein se encontró con ello como algo inevitable e interesante»[50].

Husserl ensaya su método, desviándose del idealismo, emprendiendo la búsqueda de cosas, fenómenos, para llegar a la realidad sin prejuicios subjetivos. Edith Stein está entusiasmada con este nuevo método y ve en él un camino de búsqueda de la verdad.

Edith da los primeros pasos de una profunda transformación interior. El primer gran impulso en este camino de conversión proviene de Max Scheler[51], un filósofo judío convertido al cristianismo, a quien conoció en la universidad, a pesar de que fue destituido de su puesto y no se le permitió oficialmente enseñar. En este encuentro con Marx Scheler, en las conferencias que dio en un café y que se prolongaron por la noche, el mundo de la fe se le presenta de la siguiente manera:

> «Este fue mi primer contacto con este mundo hasta entonces para mí completamente desconocido. No me condujo todavía a la fe. Pero me abrió a una esfera de "fenómenos" ante los cuales ya nunca podía pasar ciega»[52].

Sin embargo, Edith todavía tenía un largo camino por recorrer y, de hecho, no había nada que predijera a dónde la llevaría este camino, porque «todo parecía

---

[50] García Muñoz, *Benedicta de la Cruz. Edith Stein, signo de contradicción*, 84.

[51] Max Ferdinand Scheler (1874-1928) fue un filósofo alemán, de origen judío-protestante, conocido por su trabajo sobre fenomenología, aunque abordó una variedad de temas, desde la psicología hasta la filosofía de la religión, pasando, entre otros, por la metafísica y la sociología. San Juan Pablo II se detuvo en la filosofía de este fenomenólogo, en la tesis de su doctorado en Filosofía, defendida en 1953, bajo el título *Posibilidad de estructurar una ética católica en el sistema de Max Scheler*. Cf. Tad Szulc, *El Papa Juan Pablo II*, trad. Jordi Beltrán (Barcelona: Ediciones Martínez Roca, 1995), 181-183.

[52] Stein, *Estrellas amarillas*, 239.

alejarla del cristianismo: su entorno nativo, la educación judía que recibió, el estudio con un maestro eminente, cuya filosofía seducía fuertemente su gran inteligencia, la perspectiva de una carrera universitaria, que presagiaba a los más brillantes»[53].

Después de las vacaciones de verano de 1913, en su casa, Edith regresa a Gotinga y comienza a prepararse para el examen de licenciatura, al mismo tiempo que decide comenzar su tesis doctoral sobre el fenómeno de la *empatía* –*Einfühlung*– bajo la guía de Husserl, y en la que se aplica con todas sus fuerzas, después de abandonar el curso, iniciado en Breslau, durante el semestre en el que fue desplazada en Gotinga y donde no había hecho nada del trabajo de psicología, tan entusiasmada estaba con la fenomenología.

«Por el contrario, me había enfrascado por completo en la fenomenología. Y ahora mi ardiente deseo era el continuar trabajando con Husserl. Recibí una respuesta muy favorable [del profesor Stern de la Universidad de Breslau]. Me decía que, si realmente mi deseo era el expresado, él, por su parte, no tenía que darme más que un consejo: hacer el doctorado con Husserl. Tampoco encontré resistencia en mis familiares. Ahora había llegado el momento del paso decisivo: fui a ver a Husserl y le pedí un tema para la tesis doctoral. "¿Está usted ya tan adelantada?", me preguntó sorprendido. [...] De todos modos, no consiguió disuadirme. Me presentó con toda claridad las dificultades. Sus exigencias para un trabajo de doctorado eran muchas. Calculaba que necesitaría unos tres años. También me dijo que si yo tenía el proyecto de hacer el examen de estado

---

53 René Courtois, «Filha de Israel, Edith Stein (1891-1943)» en *Convertidos do Século XX*, ed. F. Lelotte (Rio de Janeiro: Agir Editora, 1966), 62. En el título aparece, por error, identificado 1943 como el año de la muerte de Edith Stein. Sin embargo, a lo largo del texto, el autor sitúa su muerte correctamente, en 1942.

(licenciatura), entonces me aconsejaba decididamente que lo hiciera antes del doctorado...»[54].

La rigidez del método fenomenológico responde a su carácter inquebrantable y contribuye a su superación cada vez mayor. «Considera la obra de Husserl como "una nueva escolástica", ya que trasladaba la mirada filosófica del sujeto y la centraba en el objeto, en la realidad de las cosas»[55]. En su formación, en las diferentes etapas y de manera continua, los elementos de su personalidad se manifiestan y hacen que Edith encuentre en la filosofía, y específicamente en la fenomenología, no solo el campo perfecto de estudio y avance intelectual, sino también su segundo hogar, abriéndose a la verdad en cada paso que da. Debido al trabajo que desarrollará con su tesis doctoral y le costará esfuerzo, trabajo y desesperación constante, y Edith no está inclinada a comunicar su vida interior, «los descubrimientos que se suceden en la elaboración del trabajo son un constante examen de conciencia para la autora, y un requerimiento a cambiar de actitud»[56].

Ya en el semestre de verano de 1914, continuando el trabajo de la tesis, extendió sus amistades, que mantuvo de por vida. «El contacto de Edith Stein con Husserl y Scheller y también con su amigo Reinach la llevó al umbral de la verdad, ¡que tan ardientemente buscaba!»[57] Además de profundizar la amistad con Husserl y su esposa, y con la familia Reinach, surgen otras: «Hans Lipps (de quien, al parecer, más tarde se enamoró, alrededor de 1918-1919), Kauffmann, Alexander Koyré, Roman Ingarden (con quien mantuvo una estrecha amistad, posi-

---

[54]   Stein, *Estrellas amarillas*, 247.
[55]   Ramos, *Onde está a verdade? Busco-a com paixão. Por fim encontrei a Verdade!*, 19.
[56]   García Rojo, *Sé para qué vivo*, 101.
[57]   Ramos, *Onde está a verdade? Busco-a com paixão.*, 20.

blemente enamorándose de él, y también correspondencia durante muchísimos años)»[58].

Mientras tanto, ambientada en el año 1914, el 28 de
junio, el archiduque Franz Ferdinand, heredero presun-
to al trono austrohúngaro, y su esposa Sofia Maria de
Chotek, son asesinados en Sarajevo, por un miembro de
la organización secreta conocida como la *Mano Negra*.
La mecha estaba encendida, lo que conduciría a la Primera Guerra Mundial. Esta guerra, en la que las grandes
potencias mundiales se oponen y tiene a Europa como
escenario, cambia radicalmente la vida de todos, con el
estado de guerra que se declarará el 30 de julio, lo que
lleva a la cancelación de clases, con Alemania declaran-
do la guerra a Rusia el 1 de agosto y a Francia dos días
después, y con muchos compañeros y maestros que tienen que unirse a las filas de los ejércitos[59]. Edith regresa
a su casa en Breslau para estar con su familia.

> «"Ahora mi vida no me pertenece", me dije a mí mis-
> ma. "Todas mis energías están al servicio del gran
> acontecimiento. Cuando termine la guerra, si es que
> vivo todavía, podré pensar de nuevo en mis asuntos
> personales"»[60].

La guerra, que ella llama el *gran acontecimiento*, des-
pertó en Edith su sentido de patriotismo, responsabilidad
y solidaridad. Enfrentar la enfermedad, el dolor, la muerte y contemplar de cerca la destrucción de la guerra la
llevó a alistarse, como enfermera voluntaria en la Cruz
Roja, y a hacer el examen de asistente de enfermería,
cuando aún estaba en Breslau. Mientras espera que
la llamen, regresa a Gotinga a finales de octubre para
prepararse para el examen final, en el que ya se había

---

[58] Sancho Fermín, *100 Fichas sobre "Edith Stein"*, 21.
[59] Cf. Ian Kershaw, *De volta do inferno: Europa, 1914-1949* (s. l.:
Companhia das Letras, 2016), chap. 1, Kindle.
[60] Stein, *Estrellas amarillas*, 274.

inscrito; entregó sus trabajos en noviembre, haciendo el examen de Estado *Pro facultate docendi* en historia, filosofía y germánica el 14-15 de enero de 1915, obteniendo la calificación máxima.

Al final del semestre, surgió la posibilidad de ofrecerse como asistente voluntaria de enfermera de la Cruz Roja en el hospital austriaco de Mährisch-Weisskirchen[61] en abril de 1915, donde permaneció hasta septiembre en un hospital improvisado ubicado en una antigua academia militar, dedicándose principalmente a pacientes contagiosos, y luego se trasladó a otro lugar para cuidar lesiones leves y, más tarde, para cirugía.

> «El doctor Scharf se enteró de por qué había interrumpido mis trabajos científicos y la causa de mi venida aquí. (En este punto parecía que todos se sorprendían). Le dije que todos mis compañeros de estudios estaban en el frente y no veía por qué iba yo a estar en una situación privilegiada»[62].

El tiempo que pasa allí es de cansancio, nerviosismo y ansiedad, pues a pesar de tratar a los pacientes como voluntaria, su tesis y su *trabajo científico* no salen de su mente, lo que termina haciéndola volver a casa.

> «Me di cuenta claramente de que había llegado el momento de disfrutar de un descanso, que dos meses antes rechacé como prematuro. Pero la decisión de marchar vino después de fuertes luchas interiores. En mis cavilaciones había otro elemento además del agotamiento nervioso. Frecuentemente volvía a mi pensamiento la idea de si no sería desacertado el interrumpir por tanto tiempo mi trabajo científico, cuando había disponibles tantas personas que podían ayudar

---

61 Hoy ciudad de la República Checa, Hranice na Moravě.
62 Stein, *Estrellas amarillas*, 322.

en el hospital. Pero, por otra parte, tenía el escrúpulo de que este argumento fuera egoísta»[63].

Cuando regresó a su casa en Breslau en septiembre, se enfrenta a nuevos desafíos: continuar el trabajo de su tesis doctoral y prepararse para el examen de griego, el idioma requerido para acceder al título de Doctor, que realizará el mes siguiente. Por invitación del director de la escuela de Viktoria en Breslau, Kretschmar, se hizo cargo de los cursos de educación superior de la escuela y, desde febrero de 1916, se convirtió en profesora de latín, alemán, historia y geografía en la misma escuela.

> «Cuando yo oí esto [la invitación de Kretschmar] y vi su mirada febril, no necesité pensarlo más. A principios de febrero comencé mi primer trabajo de enseñanza. Justamente cinco años después de haber abandonado aquella casa como alumna»[64].

El año 1916 se revela como un año marcado por el progreso y la superación, y se muestra como una oportunidad de crecimiento y encuentro para Edith, a pesar de la guerra, que sigue haciendo estragos en Europa e involucrando a más naciones, en ataques y contraataques, con armisticios y aliados que unen fuerzas y miden armamentos.

En julio se embarca en el viaje a Friburgo, y en el camino hace una parada en la ciudad de Frankfurt. Durante el recorrido, visita la catedral de Frankfurt y se siente desafiada por la actitud de una mujer, que entra para hacer un momento de oración. Esta experiencia, como ella misma afirma[65], nunca la olvidará. Con pequeños pasos se hace el camino de la conversión, que no estalla de repente, sino que es fruto de un intenso y largo camino

---

[63] Stein, *Estrellas amarillas*, 336.
[64] Stein, *Estrellas amarillas*, 358.
[65] Cf. Stein, *Estrellas amarillas*, 370.

de experiencias. Abren el corazón a la presencia de Dios hasta que «se produzca el encuentro de la libertad de Dios con la libertad de la criatura»[66]. Al llegar a Friburgo, se instala en las afueras de la ciudad, en Günterstal, por recomendación de su amigo Suse Mugdan. Durante este tiempo, varias veces, visita la casa de Husserl, lo que también la distrae, además de recibir la visita de algunos amigos, conociendo en este momento a Martin Heidegger[67].

El 3 de agosto defendió su tesis doctoral, *Sobre el problema de la empatía*, en la Universidad de Friburgo, donde Husserl se había trasladado desde entonces, obteniendo la máxima clasificación de *Summa cum laude*. Edith se había convertido en una verdadera experta del método fenomenológico y se movía en él con aplomo. Su tesis «es una prueba evidente del dominio que tenía del método ideado por Husserl. En ese trabajo investiga la esencia de los actos empáticos y la constitución interior del individuo sicofísico»[68].

Cabe señalar que su muy fragmentada *Autobiografía* termina aquí, relatando y describiendo el día de la defensa de su tesis doctoral y la alegría que comparte con Husserl y, como al día siguiente, después de haber telegrafiado a casa para comunicar su nota, parte hacia Gotinga[69]. Más tarde, a finales de 1938, continuó con sus

---

[66] Félix Ochayta Piñeiro, *Edith Stein nuestra hermana* (Sigüenza: s. ed., 1991), 38.

[67] Martin Heidegger (1889-1976) fue un filósofo alemán, ciertamente, uno de los pensadores fundamentales del siglo XX, ya sea por el reposicionamiento del problema del ser y por la refundación de la Ontología, o por la importancia que otorga al conocimiento de la tradición filosófica y cultural.

[68] Edith Stein, *La Pasión por la Verdad*. Introducción, traducción y notas de Andrés Bejas (Buenos Aires: Bonum, 2003), Introducción, 10.

[69] Cf. Stein, *Estrellas amarillas*, 381.

registros autobiográficos en *Cómo llegué al Carmelo de Colonia*[70].

Después de completar sus compromisos con la escuela en Breslau, a partir de octubre regresó a Friburgo como asistente de Husserl, encargándose de introducir a los estudiantes en fenomenología y transcribir sus manuscritos. Y esto, para Edith, fue un reconocimiento de su trabajo, una gran alegría trabajar con su maestro como su asistente[71].

En febrero de 1917, Edith regresó a Breslau para unas vacaciones. Alrededor de este tiempo se publicó su tesis doctoral Zum *Problem der Einfühlung (Sobre el problema de la empatía)*.

A su regreso a Friburgo desarrolló su trabajo como asistente y, a pesar del reconocimiento público que significaba trabajar con su maestro, resultó ser una tarea difícil debido al arduo trabajo, tanto en las clases, en las que inició a los nuevos estudiantes, requiriendo preparación, como en la ocupación en los manuscritos de Husserl, que no le dejó tiempo para la investigación. «En los últimos años, Edith no está satisfecha, porque Husserl no la ve como una colaboradora, sino más bien como una "servidora académica". Tiene aspiraciones más altas. Quiere ser investigadora y, sobre todo, conseguir una cátedra universitaria»[72].

A esta crisis de identidad y una cierta frustración, con respecto al trabajo que desarrolla con Husserl, se añade

---

[70] Cf. Stein, «Cómo llegué al Carmelo de Colonia», *Obras completas*, vol. I, 497-510.

[71] Edith Stein, más tarde, cerca del final de su *Autobiografía*, escribirá sobre Edmund Husserl: «Husserl, el primero de los filósofos actuales y, en mi opinión, uno de los más grandes que sobrevivirá a su tiempo y marcará la historia. (Escribo esto el 27 de abril de 1939. Ha pasado un año desde que el querido maestro pasó a la eternidad.)» Stein, *Estrellas amarillas*, 378.

[72] Piñeiro, *Edith Stein nuestra hermana*, 36.

la agudización de la crisis religiosa, con experiencias que tocan su vida y con los ejemplos que lo rodean, especialmente la conversión al cristianismo de algunos de los cuales se había hecho cercano en el mundo académico y filosófico: Reinach, Koyré, el matrimonio Conrad-Martius, Max Scheler, el propio Husserl. La fe y el tema religioso están ocupando cada vez más espacio a su alrededor y dando forma al entorno en el que se mueve.

El 16 de noviembre, Adolf Reinach, mano derecha de Husserl, murió en Flandes en el frente de batalla. «La noticia de la muerte del profesor querido Adolf Reinach (16.XI.1917) supone un duro golpe difícil de encajar para la que fuera su alumna. La pilla desprevenida agravando aún más el desconcierto interior al que está enfrentada»[73]. La muerte de su amigo Reinach y la forma en que la viuda afronta y vive la muerte de su marido, en actitud de esperanza, se convierte en uno de los factores que conducen al proceso de conversión y encuentro de Edith con la cruz. Es esta experiencia la que vuelca sus argumentos racionales y se abre a un contacto que se basa en la experiencia de la fe[74].

Si la muerte de su amigo y confidente conmueve profundamente a Edith, el encuentro y la petición que la viuda Ana le hace la marca indeleblemente: Edith es comisionada, por la viuda, para preparar la publicación de los escritos de su marido. «Si ante la muerte ha encontrado dolor, sufrimiento, desesperación, misterio, etc., en la viuda amiga Anne Reinach contempla una explicación, no a la muerte sino a la vida del fallecido»[75].

---

[73] García Rojo, *Sé para qué vivo*, 119-120.

[74] Cf. M. Teresa Renata del E. S. (Posselt), *Edith Stein. Una gran mujer de nuestro siglo* (Burgos: Monte Carmelo, 1998), 89-90; cf. Teresa a Matre Dei, *Edith Stein: En busca de Dios*. Trad. Velasco Beteta (s. l.: Editorial Verbo Divino, 1969), 60-61.

[75] García Rojo, *Sé para qué vivo*, 120.

En enero del año siguiente, 1918, asistió al funeral de Reinach en Gotinga, y finalmente en febrero dejó voluntariamente de ser asistente de Husserl, aunque siguió siendo su amiga hasta su muerte y lo tuvo en alta estima como maestro y filósofo.

Las experiencias de fe, el trabajo con los escritos de Reinach y la libertad de la asistencia de Husserl caminan lado a lado, en un camino en el que descubre que la filosofía no le ofrece todas las respuestas que busca. «El Dios para la filosofía no pasa de ser un fenómeno digno de estudio, la fe un valor que merece respeto y consideración; pero el Dios que anhela Edith supera tal categorización»[76]. De vuelta en Breslau, y en marzo a Gotinga, busca tranquilidad y apaciguamiento interior, lo que no significa no dejar de buscar respuestas. En este período, entre 1917 y 1919, la correspondencia con Roman Ingarden con quien habla de cuestiones de filosofía, religión, cuestiones políticas y personales es muy intensa. Precisamente por estas cartas, percibimos que en mayo de 1918[77] regresó a Friburgo, aunque temerosa de restablecerse allí[78]. Allí, el 8 de junio, en una larga caminata con Husserl y Heidegger, mantiene una intensa discusión religioso-filosófica[79], que Edith considera maravillosa.

Edith asume cada vez más la religión como un factor integrador en su vida, que supera los sentimentalismos fáciles y toca el núcleo de la razón y el pensamiento. Es como si la fe ya hubiera producido un cambio en ella, aunque no se diera cuenta. Sin embargo, no sabe hacia dónde llevar su vida, y en este camino de descubrimiento, en la búsqueda de la Verdad, se da cuenta de que «el

---

[76] García Rojo, *Sé para qué vivo*, 121.
[77] Cf. Stein, Carta 37 (5.v.1918), *Obras completas*, vol. I, 612-613.
[78] Cf. Stein, Carta 34 (9.III.1918), *Obras completas*, vol. I, 607.
[79] Cf. Stein, Carta 44 (8.VI.1918), *Obras completas*, vol. I, 624-625.

Dios que se le va descubriendo es el Dios vivo y personal, un Dios que forma parte del ser y devenir de las criaturas humanas, y que en los momentos difíciles se hace presente de modo extraordinario»[80].

Edith diseña este descubrimiento en las lecturas que hace, que aumentan su sed de Verdad, hasta entonces insaciable: desde *Ejercitación del cristianismo* del filósofo danés Kierkegaard, pasando por *Los misterios del cristianismo* de Scheeben, hasta *Las confesiones* de San Agustín y los *Ejercicios espirituales* de San Ignacio de Loyola[81]. Estas lecturas, entre otras, aunque le muestran la luz en los contenidos del cristianismo y la ayuden en el camino de la conversión, no son el último impulso para la decisión de adherirse de hecho a la fe y al bautismo. Además de las lecturas, Edith tiene su primera experiencia *mística*: interiormente vive la experiencia del encuentro con Cristo, aunque no decida dar el paso hacia el bautismo, como nos dice en una carta a Ingarden:

> «Tras larga reflexión más y más me he decidido por un cristianismo positivo. Esto me ha librado de la vida, que me había tirado por tierra, y, al mismo tiempo, me ha dado fuerza para retomar otra vez, agradecida, la vida. Por tanto, puedo hablar, en el sentido más profundo, de un "renacimiento". Pero, para mí la nueva vida está tan íntimamente ligada con los acontecimientos del último año, que ya en cierto sentido nunca me desligaré de ellos; para mí serán siempre presencia muy viva. En ello no puedo, ver ninguna desdicha, todo lo contrario, forman parte de mi patrimonio más valioso»[82].

Entre julio y agosto, se reencontró en su ciudad natal de Breslau, donde se dedicó al trabajo científico privado, con el objetivo de presentarse a una cátedra. En medio

---

[80]   García Rojo, *Sé para qué vivo*, 121.
[81]   Cf. Stein, *Obras completas*, vol. II, Introducción general, pág. 29.
[82]   Stein, Carta 66 (10.X.1918), *Obras completas*, vol. I, 654-655.

de su placer, Husserl cae enfermo y Edith va a Friburgo para atenderlo, permaneciendo allí hasta noviembre, y luego regresa a Breslau, para continuar su trabajo científico y esperar días mejores, de mayor claridad en materia de fe, continuando su *estrada de Damasco*.

En este último trimestre del año en curso, 1918, se dan los últimos pasos, que pusieron fin a la Guerra Mundial, que comenzó cuatro años antes y que, al derrocar tres imperios, reconfiguró el mapa europeo, provocando el conflicto en todo el mundo, que resultó en un rastro de 10 millones de muertos. Después de la firma de varios armisticios, finalmente, el 11 de noviembre se declaró el fin de la guerra. A pesar de la declaración de la cesación del fuego, queda mucho por resolver, desde la reconstrucción económica hasta la inestabilidad política que sigue. El caos político y social instalado conduce a la abdicación del emperador Guillermo II, lo que genera aún más inestabilidad. Posteriormente, en 1919, se formó la República de Weimar, que tenía como objetivo reorganizar, política y económicamente, Alemania, con un papel destacado de los partidos. Una vez redactada la Carta Constitucional, se implementó un sistema republicano parlamentario, dotando a Alemania con el Reichstag (Parlamento) y el *Reichsrat* (Asamblea).

Es entonces, cuando Edith tomó un interés intelectual –con trabajos científicos, que reflejan su pensamiento político de la época, como *Individuo y Comunidad*[83], que solo se publicaría en 1922– y cívico por la política,

---

[83] El trabajo "Individuo y Comunidad" esta, íntimamente, ligado a la obra "Causalidad psíquica" «ya que aparecieron publicados bajo el mismo título. En este artículo cubre, bruscamente, la cuestión de la comunidad social y las relaciones del individuo con ella. Su preocupación es salvaguardar el valor y la distinción del individuo y la comunidad en su sentido político y social.» Stein, *Obras completas*, vol. II, Introducción general, 35.

uniéndose al Partido Democrático Alemán[84], al servicio del cual viajó a Berlín entre diciembre de 1918 y enero de 1919.

El sueño de Edith de obtener una cátedra no se había disipado y el 6 de febrero de 1919 Husserl firmó su certificado de idoneidad como profesora: siempre estaba alimentando el sueño, luchando por él, pero todos sus intentos de lograrlo fueron inútiles. Intenta acceder a una cátedra universitaria en Gotinga, Friburgo y Kiel, pero fracasa, debido al antifeminismo y el antisemitismo del régimen nazi –la mentalidad imperante en las universidades aún no acepta la presencia de una mujer en una cátedra– lo que hace que regrese con su familia, a Breslau, dedicándose al estudio y reflexiones sobre la política y el Estado.

Desde el semestre de verano de 1920 impartió clases prácticas de introducción a la filosofía sobre una base fenomenológica a más de 30 personas en su casa. En septiembre, en una carta que escribió a Ingarden, le dijo que para ella el ciclo de Friburgo había terminado[85].

Edith pasa el año 1920 en Breslau. Y, como los últimos años, también este es un año de profunda crisis y búsqueda interior de la Verdad, y como si no fuera suficiente recorrer el arduo camino del descubrimiento de la fe, cuando se siente impulsada a la conversión no sabe si debería convertirse al catolicismo o al protestantismo. «El camino recorrido por Edith hasta dar el sí pleno es

---

[84] Este partido, Deutsche Demokratische Partei, «junto con los socialistas y el partido centrista católico, fue protagonista en la temprana República de Weimar. Sus miembros provenían principalmente de las profesiones liberales y la enseñanza. Algunos destacados fueron Friedrich Naumann, Theodor Heuss, Albert Einstein, Thomas Mann y el Premio Nobel de la Paz Ludwig Quidde.» Viki Ranff, *Edith Stein: En busca de la verdad* (Madrid: Biblioteca Palabra, 2005), 113, nota a pie de página.

[85] Cf. Stein, Carta 83 (16.XI.1919), *Obras completas*, vol. I, 679-681.

largo y tortuoso; el trofeo donado requiere esfuerzos, luchas, dudas, sufrimientos»[86].

En otoño de este año, pasa seis semanas en Gotinga y allí conoce a Hedwig Conrad-Martius, estudiante de Husserl, quien la invita a pasar las próximas vacaciones de verano en su casa de Bad Bergzabern, donde ya era costumbre recibir fenomenólogos por las noches.

El 5 de diciembre de 1920, su hermana Erna se casó con Hans Biberstein.

Al año siguiente, 1921, se publicaron las obras de Adolfo Reinach, preparadas por Edith a petición de su viuda tras la muerte de Reinach en 1917. A su cuidado, ordenó, preparó y publicó los escritos, manteniendo así viva la memoria de su amigo Adolf Reinach, y como tributo a la actitud creyente de la viuda ante la muerte de su esposo, que se había manifestado, como un signo, en su camino de búsqueda de la Verdad.

Ahora, cuatro años después y sin saberlo, aceptando la invitación y el desafío hecho por Hedwig Conrad-Martius, emprendiendo el mismo camino de búsqueda, tendrá un último encuentro. Desde el 25 de mayo de 1921 hasta finales de agosto, se quedó de vacaciones en la casa de Conrad-Martius en Bad Bergzabern, una pareja que «tenía un niño adoptado y llevaban una vida de trabajo y de pobreza cultivando ellos mismos la finca que habían comprado»[87]. El círculo filosófico de Gotinga conocía bien la casa, donde pasaban las vacaciones y tenían grandes conversaciones filosóficas, también ayudando en la granja.

Será aquí, en la casa de una pareja de origen judío, que se había convertido al protestantismo, en la sencillez del hogar y en la quietud de la granja, que una noche

---

[86]   García Rojo, *Sé para qué vivo*, 132.
[87]   García Muñoz, *Benedicta de la Cruz*, 126.

tendrá lugar el evento definitivo de la conversión. «Por fin llega el momento de recoger los frutos; los meses de la sementera, crecimiento y sazón han pasado y no en balde; la cosecha que desde hace tiempo se espera puede recogerse, pues el verano se presentó»[88]. Para Edith, el verano es la ansiada estación de cosecha con la que tantas luchas internas la habían obligado a luchar. Cambiará radicalmente su vida, ofreciéndose respuestas que, aunque le traigan más preguntas, siempre serán más pequeñas, a medida que la Verdad le es revelada.

Edith no nos ofrece un relato más o menos extenso o demorado de su conversión, dando cuenta de los acontecimientos, que imprimieron, en sí mismos y de manera indeleble, una marca que la hizo discernir y tomar la decisión. Detalles aislados en su epistolar permiten reconstruir su camino e identificar las experiencias vividas, como en *Cómo llegué al Carmelo de Colonia*; años después de su experiencia, Edith nos da cuenta de cuán culminante y totalizadora se había vuelto la lectura de la Vida de Santa Teresa de Ávila:

> «Desde hacía casi doce años era el Carmelo mi meta. Desde que en el verano de 1921 cayó en mis manos la "Vida" de nuestra Santa Madre Teresa y puso fin a mi larga búsqueda de la verdadera fe»[89].

Sin embargo, es curioso y sorprendente que Edith, tan prolija en sus escritos, no registrara detalladamente este acontecimiento fundamental de su vida: su conversión. Seguro que no será casualidad y, además, no es sólo sinónimo de sobriedad a la hora de hablar de sí misma. Es algo tan profundo, impactante e inaugurador que sólo puede entenderse en lo más profundo, en la interioridad, en el centro de su ser y eso sólo le concierne a ella.

---

[88]   García Rojo, *Sé para qué vivo*, 136.
[89]   Stein, «Cómo llegué al Carmelo de Colonia», *Obras completas*, vol. I, 500.

«Y a aquellos que le piden satisfacciones, preguntando por qué, ella responderá *Secretum meum mihi*, que es algo más que "Mi secreto es todo mío" o "Mi secreto me pertenece": significa que este secreto solo es comprensible para aquellos que lo guardan. Edith siempre lo llevará consigo y constituirá su carga y su liberación»[90]. Irónicamente, al mes siguiente de su último encuentro de *conversión*, el 29 de julio, Adolf Hitler, después de maniobras políticas, en una reunión con la dirección del Partido Nacionalsocialista de los Trabajadores Alemanes o Partido Nazi se convierte en su líder, con poderes absolutos[91].

Pero la conversión no es un momento aislado sin consecuencias, sino un proceso que debe basarse en gestos concretos; necesitará pasos que consoliden la misma conversión. Después de buscar, llegó la respuesta a lo que tanto luchó por encontrar y, por ello, se dejó convertir al cristianismo. Sin duda, que la lectura de la vida de Santa Teresa, libro que la viúda Reinach le había regalado, ocupa un lugar preponderante que la hace optar por el catolicismo, incluso cuando el protestantismo tiene un peso considerable a su alrededor[92]. Sin perder tiempo, a la mañana siguiente intenta comprar un catecismo y un misal para comenzar a prepararse para recibir el bautismo. «Después de una misa, ella sigue al párroco a la casa parroquial para pedirle "inmediatamente", como ella misma recuerda, el bautismo. Cuando él

---

[90] Antonio Quaglietta, *Empatia e teoria della conoscenza en Edith Stein* (Roma: IF Press, 2018), 30.

[91] Cf. Ian Kershaw, *Hitler*, (s. l.: Companhia das Letras, 2008), chap. 4, Kindle.

[92] Como informó en una carta a Teresa Renata Posselt, el 13 de mayo de 1950, el P. Johannes Hirschmann escuchó de Edith, ya en el Carmelo de Echt: «La razón por la que Edith Stein abrazó el cristianismo, no como el protestantismo de la señora Reinach, sino como el catolicismo, se debió a, precisamente, a la lectura de la Vida de Santa Teresa.» Stein, *Obras completas*, vol. I, nota 9, 717.

le advierte que la preparación previa es necesaria, ella le pide que la examine. Y el 1 de enero de 1922 se fija como la fecha del bautismo»[93].

Hasta que llega el momento, continuando la preparación para ese gran día, regresa a su casa en Breslau, donde permanece entre agosto y octubre. Aprovecha el momento para comunicar a su familia su decisión de abrazar el catolicismo. Lo mismo puede decirse de sus amigos, con quienes comparte la noticia, como es el caso de la carta, que escribió a Ingarden el 15 de octubre de 1921, día de la fiesta litúrgica de Santa Teresa:

> «Estoy a punto de pasarme a la Iglesia Católica. Sobre lo que me ha llevado a ello, nada he escrito. Y la verdad es que esto es difícil de decir e imposible de escribir. En todo caso, en los últimos años he vivido mucho más que he filosofado. Mis trabajos son sólo posos de aquello que me ha ocupado en la vida, pues ahora estoy construida de tal modo, que debo reflexionar»[94].

En su familia, particularmente por parte de su madre, tendrá que lidiar con muchos malentendidos, sobre todo, debido al prejuicio que existía hacia los católicos, como dice en la misma carta a Ingarden:

> «Para mi madre la conversión al catolicismo es la peor cosa que puedo hacerle, y para mí es terrible ver cómo se tortura con ello sin que yo pueda aliviarla lo más mínimo»[95].

El 23 de octubre regresó a Bad Bergzabern, con la intención de prepararse para el bautismo, donde permaneció hasta junio de 1922.

---

[93] Ranff, *Edith Stein: En busca de la verdad*, 118.
[94] Stein, Carta 107 (15.X.1921), *Obras completas*, vol. I, 721.
[95] Stein, Carta 107 (15.X.1921), *Obras completas*, vol. I, 721.

2
Del Bautismo a la Consagración
(1922-1933)

«El Carmelo es una montaña alta
que hay que escalar desde abajo.
Pero recorrer este camino
es una gracia demasiado grande»[96]

Edith Stein en su *Autobiografía* es sucinta, frugal y reservada cuando habla de su conversión, como ya hemos mencionado. Sin embargo, queda claro cuando dice que estaba buscando la *verdadera* fe y no sólo la fe, una fe cualquiera. También dice que el *Libro de la Vida*[97] de Santa Teresa, que le había regalado Anne Reinach, lejos de

---

[96] Stein, Carta 375 (27.VIII.1933), *Obras completas*, vol. I, 1042.

[97] Cf. Santa Teresa de Jesús, «Livro da Vida», *Obras Completas*, trad. Agostinho dos Reis Leal, introd. e notas Tomás Álvarez e Maximiliano Herráiz (Marco de Canaveses: Edições Carmelo, 2015), 25-295. En Centro Internacional Teresiano-Sanjuanista (CITeS), en Ávila, así se presenta la obra: «El *Libro de la Vida* Teresa de Jesús es una de las pruebas esenciales de su verdad: la mayoría de los datos aportados están tomados de su autobiografía, que es un profundo ejercicio de introspección y, al mismo tiempo, la historia de vida de una religiosa, inteligente y letrada del siglo XVI. Teresa de Jesús comenzó la segunda y definitiva redacción– que es el que se conserva hoy en día –del *Libro de la Vida* alrededor de 1564. En 1570 se lo dio a sus confesores y se comenzó a hacer copias de la obra. La priora de Éboli denuncia la obra ante el tribunal de la Inquisición, que ordena que se recojan todas

ser un encuentro fortuito, es una resonancia de su vida y de su búsqueda interior, que la lleva así al final de su *estrada de Damasco*, donde Santa Teresa provoca el encuentro con la Verdad. Edith, leyendo el libro autobiográfico de la santa reformadora del siglo XVI, «se hace eco de la búsqueda de los años inmediatamente anteriores a su encuentro con Teresa: sí, encontró a Dios y vivió la experiencia, pero no sabía dónde seguir esta llamada»[98].

El 1 de enero de 1922, la octava de Navidad, que en ese momento, antes de la Reforma del Vaticano II, se celebraba como la Fiesta de la circuncisión del Señor, Edith recibió el bautismo, un sacramento por el cual se convirtió en parte de la Iglesia Católica, en la parroquia de San Martín de Bad Bergzabern. Fue bautizada por el párroco Eugen Breitling[99] y eligió a Hedwig Conrad-Martius como madrina, con una dispensa del obispo por ser protestante. Añade dos nombres al nombre de Edith: Teresa Hedwig, que condensa todo su camino de fe, búsqueda y encuentro. El nombre de Teresa, en honor a la última causa de su conversión, que «ya anticipa lo que será su deseo más profundo de entrar en el Carmelo. Y el nombre de

---

las copias: "fueron cuidadosamente en busca de todos los papeles y escritos que había al respecto". No lo lograron».

[98]   Sancho Fermín, *100 Fichas sobre "Edith Stein"*, 29.

[99]   El asiento bautismal de Edith Stein atestigua: «Año del Señor, mil novecientos veintidós, el uno de enero fue bautizada Edith Stein, de treinta años, doctora en filosofía, nacida el doce de octubre de mil ochocientos noventa y uno en Breslau, hija de Siegfrid Stein y Auguste Courand, que debidamente instruida y dispuesta pasó del judaísmo a la religión católica. En el bautismo recibió el nombre de Theresia Hedwig. Fue madrina la doctora Hedwig Conrad-Martius, que vive en Bergzabem. Y doy testimonio, Eugen Breitling, párroco.» Stein, «Acta del Bautismo de Edith Stein», *Obras completas*, vol. I, 1659. A este acto de Bautismo se añade una nota en el margen, firmada por Guil. Sarreither, párroco: «N.B. Esta Dra. Edith Stein entró en el convento de las Carmelitas de Colonia en 1933.»

Hedwig, su amiga y madrina en su bautismo, refleja su dimensión "ecuménica"»[100].

El 2 de febrero recibe el sacramento de la confirmación[101] en la capilla del Palacio Episcopal de Espira por la unción de D. Ludwig Sebastian, uniendo así dos fechas, que representan dos fiestas cargadas de simbolismo: la circuncisión de Jesús y su presentación en el Templo de Jerusalén. «Las dos fechas unen el Antiguo y el Nuevo Testamento en la celebración de los acontecimientos de la vida de Cristo [...] El cumplimiento de la entrada en la alianza se muestra en el bautismo. La fiesta de la presentación del Señor se entiende como el encuentro de Cristo con Jerusalén y el Templo. Pero el encuentro con el mundo de Dios sólo es posible en el Espíritu Santo, que nos es dado en la confirmación»[102].

Más tarde, probablemente en el primer trimestre de 1933, en su obra *¿Qué es el hombre? La antropología de la doctrina católica de la fe*[103], con más de 600 páginas, en la que pretende presentar la imagen del hombre, según la fe, en el capítulo V –La redención y el estado de los redimidos– el último y el capítulo más grande, y que quedó incompleto, al hablar de los sacramentos, Edith escribirá: «el *bautismo* significa el nacimiento a la vida de

---

[100]   Sancho Fermín, *100 Fichas sobre "Edith Stein"*, 34.

[101]   Así certifica el testimonio, fechado en 1933, de la Confirmación de Edith Stein: «El año 1922, día dos de febrero, Edith Theresia Hedwig Stein, hija de Siegfrid Stein y de Auguste Courant, esposos en Breslau, de 30 años, fue confirmada por el reverendísimo señor D. Ludovico Sebastian, obispo de Espira. Lo atestiguo: Espira, 5 de mayo de 1933. Carolus Hofen». Stein, «Testimonio de confirmación de Edith Stein», *Obras completas*, vol. I, 1659.

[102]   Ranff, *Edith Stein: En busca de la verdad*, 119.

[103]   Cf. Edith Stein, «¿Qué es el hombre? La antropología de la doctrina católica de la fe», *Obras completas. Escritos antropológicos y pedagógicos (Magisterio de la vida cristiana: 1926-1933)*, Dir. Julen Urkiza e Francisco Javier Sancho, vol. IV (Vitoria, Madrid, Burgos: Editorial Monte Carmelo, Ediciones El Carmen, Editorial de Espiritualidad, 2003), 761-986.

la gracia y, lo que es lo mismo, la incorporación al cuerpo místico de Cristo [...] porque sólo a un alma que está abierta sin resistencias, puede fluir la gracia»[104], y más tarde, cuando habla de la Confirmación, la compara con la ceremonia de la *caballería*, porque a través de este sacramento se recibe la *militancia de Cristo*[105].

Nacida y abriéndose a la vida de gracia, sin resistencia y con el corazón abierto, Edith recibe los sacramentos de la iniciación cristiana –Bautismo, Eucaristía y Confirmación– no como la meta de un camino, sino como el comienzo de una nueva carrera, fortalecida por esta misma gracia divina, en una vida solidificada por la formación filosófica, espiritual y experiencial, en un camino de sufrimiento y búsqueda inspirada y no, simplemente, de la nada.

Edith experimenta, en el período posterior a la Primera Guerra Mundial, un contexto religioso y espiritual muy diferente al de principios del siglo XX. A ello contribuyen diversos teólogos y laicos, con sensibilidad intelectual y espiritual, atentos a los signos de los tiempos, en un mundo, y particularmente en una Europa diferente, cuya fe se convierte en un factor unificador en un tiempo de reconstrucción política, económica, cultural e incluso psicológica, «fruto del período de posguerra, que favorece el crecimiento y el prestigio del catolicismo: la situación de cansancio y angustia creada por la guerra ha llevado a muchas personas a cuestionarse por el auténtico sentido de la vida, dando un paso hacia la religión, la espiritualidad y la mística»[106]. Podemos afirmar que el período de entreguerras se vuelve fructífero y expansivo, sacando a la luz nuevas corrientes de pensamiento filo-

---

[104] Stein, «¿Qué es el hombre? La antropología de la doctrina católica de la fe», *Obras completas*, vol. IV, 881, 884.

[105] Cf. Stein, «¿Qué es el hombre? La antropología de la doctrina católica de la fe», *Obras completas*, vol. IV, 884-885.

[106] Sancho Fermín, *100 Fichas sobre "Edith Stein"*, 32.

sófico, entre ellas la fenomenología de Husserl o el personalismo de Schüheler, que encontrarán eco en el seno religioso, siendo un claro ejemplo de ello Edith Stein. Pero también, y al mismo tiempo, esta edad de oro del catolicismo alemán, que repercute en varios teólogos, sus contemporáneos, pondrá de relieve la conciencia de la corresponsabilidad y el acercamiento de la Iglesia al mundo cultural, con el surgimiento de la «"aristocracia" de la intelectualidad católica moderna»[107], como Odo Casel, Romano Guardini, Karl Rahner o Hans Urs von Balthasar; al mismo tiempo, está influenciada por movimientos dentro de la Iglesia, señalando, desde dentro, nuevas formas y nuevas posturas, que revalorizan la Sagrada Escritura, la liturgia e incluso el ecumenismo (creando así las semillas de la nueva cultura católica que luego será universalizada en el Concilio Ecuménico Vaticano II).

Edith, durante esta estancia en Bad Bergzabern, en una especie de *retiro*, pretende vislumbrar el futuro aún incierto y aprovechando el ambiente, que favorece su crecimiento espiritual, se pone en contacto, a través del párroco Breitling, con el canónigo Joseph Schwind. Este último, convirtiéndose en su confesor y director espiritual, también le ofreció un lugar como profesora de lengua, literatura e historia en la escuela católica del convento de Santa Magdalena en Espira, reservado hasta entonces para la enseñanza de Religiosas.

Durante el mes de junio[108] de 1922, Edith regresó a casa por primera vez después de su bautismo y aprovechó la oportunidad para comunicar su conversión a su familia, especialmente a su madre, con quien está ín-

---

[107] Stein, *Obras completas*, vol. I, Introducción general, 55.

[108] «A tenor del registro policial, Edith permaneció en Bergzabem (Palatinado) hasta el 5 de octubre, excepto del 14 de junio al 2 de agosto que estuvo de vacaciones en Breslau. En este tiempo residió en casa del matrimonio formado por Theodor Conrad y Hedwig». Stein, *Obras completas*, vol. I, nota de pie de página, 727.

timamente conectada. Dijo que se había convertido al catolicismo y ya había recibido el bautismo en la Iglesia Católica, como nos dice en la segunda carta, que escribe a Ingarden después de su bautismo, el 1 de agosto de 1922:

> «Estuve seis semanas en Breslau. Mi madre creyó que no volvería nunca más a su casa desde mi conversión. Ahora le he demostrado que no es así, y con toda el alma desea tenerme nuevamente y por mucho tiempo junto a sí»[109].

Después de estas seis semanas, en Breslau, de vacaciones y recuperando la confianza y la esperanza de su madre, regresó a Bergzabern, permaneciendo allí hasta el 5 de octubre[110]. Regresó a Breslau para pasar el invierno con su familia.

Por esta época, aparece publicado en el Anuario de Filosofía e *Investigación Fenomenológica*, también conocido como *Anuario de Husserl*, su estudio titulado *Contribuciones al fundamento filosófico de la psicología y las ciencias del espíritu*, que incluye dos estudios: *Causalidad Psíquica* e *Individuo y Comunidad*, de la que ya hemos hablado cuando se interesó e involucró en la política en 1919.

Ya en la Pascua de 1923, aceptando la invitación del canónigo Joseph Schwind, se presentó en el Colegio de Santa Magdalena en Espira, en ese momento con un pueblo de casi 24.000 habitantes, comenzando a enseñar el 17 de abril. En una carta a Roman Ingarden le comenta sobre la inesperada oferta de enseñar en este Colegio y cómo aceptó con alegría:

---

[109]   Stein, Carta 111 (1.VIII.1922), *Obras completas*, vol. I, 729.

[110]   «El 5 de octubre de 1922 Edith Stein se dio de baja en Bergzabern en la policía; igualmente el libro de huéspedes de los Conrad fija su partida de su casa en este día.» Stein, *Obras completas*, vol. I, nota de pie de página, 732.

«Se trataba de un antiguo y grande monasterio de dominicas, al que están vinculados una gran cantidad de centros docentes, entre otros, la Academia católica de profesoras para el Palatinado. Así pues, aquí estoy colocada, doy clases de alemán en Cuatro cursos, además historia en un curso. Como pequeña ocupación complementaria, pronto se organizó un curso de filosofía para las hermanas del Colegio; también, desde hace cierto tiempo, clases de latín para dos hermanas jóvenes que deben hacer el bachillerato. En su mayoría, las alumnas están en internado, y allí vivo yo también»[111].

Durante este tiempo en el que enseñó allí, y duró hasta 1931, permaneció en el complejo educativo de las Dominicas de Santa Magdalena, lo que le permitió experimentar una vida casi en el estilo conventual, lo que ciertamente contribuyó a su crecimiento interior y a la maduración de la idea de convertirse en religiosa en un Carmelo: «a menudo participaba, con gran placer, en la oración del coro de las Hermanas. Varias veces al día se la veía reunida en oración profunda y contemplativa»[112].

Todavía en 1923, entre el 8 y el 9 de noviembre, Hitler intentó un golpe de Estado fallido, y el 12 de noviembre fue condenado a cinco años de prisión, con sólo nueve meses de condena. Es durante este período en la cárcel que Hitler escribe el primer volumen de *Mein Kampf* (*Mi lucha*), que se publicará solo en 1925, escribiendo y publicando el segundo volumen al año siguiente, en 1926, ya fuera de prisión.

Durante el período en que enseña en Espira, su tiempo es absorbido por clases y actividades extracurriculares, con alumnas y maestras, asistiendo también a las novicias de las Dominicas de Santa Magdalena. Sin embargo, este tiempo le da cierta estabilidad de lugar, que

---

[111]   Stein, Carta 115 (5.II.1924), *Obras completas*, vol. I, 735-736.
[112]   Piñeiro, *Edith Stein nuestra hermana*, 48.

no había conocido durante mucho tiempo, solo interrumpido en vacaciones, visitando a su familia en Breslau.

Ya en 1925 Edith conoció al jesuita P. Erich Przywara, filósofo jesuita que había sido maestro de K. Rahner, con quien mantuvo una profunda amistad e intercambio científico, y «quien la animó a familiarizarse con la tradición filosófica y teológica cristiana y a ponerla en diálogo con la fenomenología»[113]. La desafía a traducir, al alemán, el *Diario* y las *Cartas* del cardenal John Henry Newman[114], que había muerto el año anterior al nacimiento de Edith. Esta obra aparecerá publicada tres años después, en 1928. En una carta Ingarden comenta:

> «Me visitó el Padre Przywara SJ, de Múnich, con quien me había relacionado por carta a causa de la traducción de Newman, que él edita. [...] En nuestra conver-

---

[113] Ranff, *Edith Stein: En busca de la verdad*, 122-123.

[114] S. John Henry Newman (1801-1890), un sacerdote anglicano inglés que, al convertirse al catolicismo, fue recibido en la Iglesia Católica por el beato pasionista Domingo de la Madre de Dios (1792-1849). Posteriormente, nombrado cardenal por el Papa León XIII en 1879, ejerció gran influencia en el Concilio Vaticano II. Fue beatificado, en 2010, por el Papa Benedicto XVI y canonizado por el Papa Francisco, en el año 2019. «El propio Newman erigió un monumento espiritual para él en la novela, que habla de su propia conversión *Loss and Gain* –Perder y ganar– cuando escribió: "En los Apeninos, cerca de Viterbo, vivía un joven y pobre pastor de ovejas, a quien, durante la meditación y la oración, la misma Madre de Dios le dio la inspiración para anunciar el Evangelio, en una tierra lejana del Norte. Ha seguido, despacio y con esfuerzo, el camino de esta vocación. Al principio se convirtió en hermano laico y luego en sacerdote en los Padres Pasionistas. Aunque no había perspectivas de llevar a cabo este proyecto, creía firmemente en la vocación de cuando aún era un niño, y poco a poco, creció en él la convicción de que la nación que se veía en el Norte era Inglaterra. Pasaron los años. Sucedió que se encontró en la orilla del mar donde César ya se había encontrado cuando su deseo de conquista lo llevó a la isla de los britanos. Y el sacerdote también cruzó las olas inquietas e impías y alcanzó la meta que había soñado durante muchos años."» Gregor Lenzen, «"Aveva un grande amore per l'Inghilterra" – Domenico Barberi e la conversione di J. H. Newman», Revista *La Sapienza della Croce* Ano XX, 1 (enero-marzo 2005): 65-66.

sación oral me ha instado urgentemente a que trabaje otra vez científicamente y, por este motivo, reducir lo más posible mis horas de clase. Con vista a esto desde Pascua estoy algo más liberada. He concluido rápidamente el volumen de Newman, del que me había hecho cargo, y hace poco he comenzado con el estudio de la principal obra filosófica de Tomás de Aquino, *Quaestiones disputatae*»[115].

En este retorno a la actividad científica, se siente como *un pez en el agua*, particularmente cuando se acerca al pensamiento y las obras de Santo Tomás de Aquino. La reanudación del mundo de la filosofía, con especial énfasis en la fenomenología cuyas bases las conocía muy bien, Edith entra en el pensamiento tomista y se sumerge así en este mundo de diálogo entre teología y filosofía.

El 11 de septiembre de 1926, en Espira, dio una conferencia sobre *Verdad y claridad en la enseñanza y la educación*, repitiéndola al día siguiente en Kaiserslautern. Más a menudo se le pide que dé conferencias en todo el país como resultado de su inmersión en la ciencia y el catolicismo público alemán, que requerirá cada vez más su tiempo y dedicación.

Aún en 1926 reanudó su contacto con Husserl, a quien visitó por última vez del 29 de septiembre al 1 de octubre en Friburgo.

El 17 de septiembre de 1927, su confesor y director espiritual, el vicario general de Espira, el P. Joseph Schwind, murió repentinamente, dejando a Edith muy conmocionada y espiritualmente huérfana, comentando, así, con Ingarden:

---

[115] Stein, Carta 123 (8.VIII.1925), *Obras completas*, vol. I, 745-746.

«Desde hace algunos días estoy interiormente muy afectada, a causa del fallecimiento de una persona, muy querida para mí»[116].

Ya en 1928 y por consejo del P. Przywara, Edith se encuentra durante la Semana Santa en la abadía de Beuron e hizo su primer contacto con el P. Raphael Walzer, quien se convirtió en su director espiritual. «Desde entonces, y hasta su entrada en el Carmelo, pasará casi todas las vacaciones de Navidad y Semana Santa en Beuron. Beuron será como "su patria espiritual"»[117]. De la abadía había hecho su hogar, del abad, su abad y su director espiritual, y privada e íntimamente hizo sus votos:

«Había hecho ya hacía varios años los santos votos en privado. Desde que hallé en Beuron una especie de hogar monástico, vi en el abad Rafael a "mi abad", y le presentaba, para su resolución, toda cuestión importante»[118].

El contacto de Edith con la abadía, donde tantas veces se refugia para preparar sus conferencias y unirse más íntimamente en la oración, hace que el P. Walzer, reconociendo sus dones y cualidades, la aconseje no convertirse en religiosa, ya que la vida monástica trae consigo otras tareas, que no le permitirán continuar sus investigaciones. Edith accede al consejo y, a partir de este año, comienza a dar conferencias sobre el tema de la mujer y sobre la educación católica, que la llevarán a través de varias ciudades de Alemania y los países vecinos. Esos cinco años, y entre 1928 y 1932, son años de mucha actividad intelectual.

En Edith encontramos un feminismo equilibrado, sereno y cristianizado, a pesar de ser un tema hirviente, te-

---

[116] Stein, Carta 159 (23.IX.1927), *Obras completas*, vol. I, 789.
[117] Piñeiro, *Edith Stein nuestra hermana*, 50.
[118] Stein, «Cómo llegué al Carmelo de Colonia», *Obras completas*, vol. I, 497.

niendo las ideas claras del papel de la mujer en la Iglesia y en la sociedad. «La sencillez de suporte externo, junto con la claridad de sus conceptos, la profundidad de su pensamiento, su fidelidad total a la doctrina de la Iglesia, su objetividad científica, su visión del futuro»[119] ascienden su nombre, crece el número de conferencias, siempre con una gran audiencia, y en su mayoría mujeres. De este periodo de intensa actividad como conferenciante, destacamos algunas de sus conferencias, tanto sobre el tema de la mujer como sobre la educación. El 24 de abril de 1930, en Nuremberg, dio una conferencia sobre *Fundamentos teóricos del aspecto social de la educación*. El 14 de julio, habló en Espira sobre *la Educación* Eucarística. El 8 de noviembre, en Bendorf, da una conferencia a la Alianza Católica de Mujeres Alemanas sobre los Fundamentos de la *Formación de la Mujer*. El 2 de diciembre da otra conferencia para la Asociación Universitaria Católica de Heidelberg, *El intelecto y los intelectuales*. En 1931, el 13 de enero, da una conferencia en Ludwigshhafen sobre *El misterio de la Navidad*. El 8 de abril, colaboró en una conferencia sobre *La vocación de la mujer* en un congreso de jóvenes maestras en Múnich. Participa en Viena en el simposio de mujeres católicas de Austria, donde presenta una conferencia el 30 de mayo sobre Santa Isabel de Hungría (tía abuela de Isabel de Aragón, Santa Isabel de Portugal). Del 1 al 3 de abril de 1932, dio una serie de conferencias, a través de la Radio Bávara de Múnich, sobre *El arte materno de la educación*. El 15 de mayo imparte la conferencia *Tiempos difíciles y enseñanza* en Essen.

A pesar del afán de conferencias, publicó en 1929, en el Anuario de Filosofía e investigación fenomenológica, un estudio comparativo entre Santo Tomás de Aquino y Husserl, y en 1931 publicó el primer volumen de su tra-

---

[119] Piñeiro, *Edith Stein nuestra hermana*, 52.

ducción de *Quaestiones Disputatae de Veritate*, de Santo Tomás de Aquino, en una traducción actualizada al lenguaje de la filosofía moderna y fenomenológica.

El 23 de marzo de 1931 puso fin a ocho años de docencia en el Colegio de Santa Magdalena y abandonó Espira para dedicar más tiempo a la traducción, que tiene en sus manos –el segundo volumen de *Quaestiones Disputatae de Veritate*, de Santo Tomás de Aquino, que publicará al año siguiente– y con el objetivo de, de nuevo, intentar acceder a una cátedra universitaria, deseo que en los años 1918-1919 vio truncado por su condición de mujer. Para poder llevar a cabo su sueño tuvo que dedicarse a la investigación.

Saliendo de Espira, pasa la Semana Santa y la Pascua en la abadía de Beuron, luego va a Breslau, donde pasará tiempo con su familia. Mientras había estado en Espira conoció a Adelgundis Iaegerschmid, una antigua alumna de Husserl, doctorada también, en filosofía, y que se convirtió al catolicismo en 1921, convirtiéndose luego monja benedictina en el Monasterio de Santa Lioba[120] en Günterstal. Edith Stein, unos años antes, en 1916, cuando había llegado a Günterstal para establecerse cerca de Friburgo, describió así este pueblo en su *Autobiografía*:

> «Es una pequeña aldea, que está al sur de la ciudad, construida en la llanura al borde de la Selva Negra. Delante de la entrada del pueblo, en el lindero del bosque, algo en alto, hay una gran casa del más puro estilo ita-

---

[120] La comunidad benedictina de Santa Lioba, en Friburg, fue fundada por María Benedikta Fóhrenbach, en 1920. Recuerda que «las primeras monjas benedictinas llegaron a Alemania procedentes de Inglaterra durante el siglo VIII para ayudar a san Bonifacio en la evangelización de Alemania. Una de esas monjas pioneras era Sta. Lioba, prima de S. Bonifacio. Las benedictinas dedicadas a la enseñanza eran conocidas popularmente como las *Hermanas Lioba*, debido a su ilustre predecesora.» Stein, *Obras completas*, vol. I, nota de pie de página, 482.

liano. Este espectáculo extraño sorprende al momento. Los cobradores del tranvía le decían a uno que se trataba de la Villa Alegre. Tantas veces como se pasaba por allí se sentían deseos de poder entrar en aquel paraíso cerrado. Más tarde, cuando pasó a ser propiedad de las hermanas de Lioba, me fue muy familiar y querida aquella casa»[121].

Será en esta casa, el Convento de las Hermanas Benedictinas de Santa Lioba, donde pasará el invierno de 1931-1932, continuando el trabajo filosófico, en línea con lo que ya había comenzado a elaborar, en el momento en que estaba en Espira, desafiada y alentada por el padre jesuita Przywara, que la hace avanzar, cada vez más, en filosofía. Durante este período, habiendo comenzado ya en el verano, escribió *Ato y Potencia* –que servirá como el primer ensayo de lo que más tarde se convertirá, en su *opus magnum*, en su gran obra filosófica, *Ser finito y ser eterno*– en la que, siguiendo su investigación, de los últimos años, pretende descubrir el punto de encuentro y las líneas comunes entre la filosofía tomista y la fenomenología, con el gran objetivo de proponer una filosofía cristiana moderna[122]. Presenta su trabajo en una carta a Ingarden:

> «Es un trabajo sistemático sobre "Acto y potencia" [...] una confrontación entre santo Tomás y Husserl. Escribir esto fue mi trabajo del último verano, y a causa de ello me fui de Espira (nunca me he arrepentido de ello, a pesar de la crisis económica). Es un manuscrito de más de 450 páginas a máquina, que he presentado a Husserl, a Heidegger y a Honecker»[123].

---

[121] Stein, *Estrellas amarillas*, 371.
[122] Cf. Sancho Fermín, *Edite Stein: Modelo de uma mulher cristã*, 65.
[123] Stein, Carta 311 (9.III.1932), *Obras completas*, vol. I, 959-960.

Dada la coyuntura económica, social y política que atraviesa Alemania en los años 30 del siglo XX, tras el *crash* de la Bolsa de Nueva York en 1929, las posibilidades de materializar su sueño, de ser profesora catedrática, se están disipando. Sin embargo, a principios de 1932 recibió una invitación para ser profesora de Pedagogía y Antropología en el Instituto de Pedagogía de Münster, que aceptó, comenzando su enseñanza, a partir del 29 de febrero de 1932. En este momento, y antes de aceptar esta oportunidad, Edith intenta, por primera vez, entrar en el Carmelo de Würzburg, lo que termina siendo ineficaz, teniendo en cuenta a su madre y el trabajo intelectual y académico que estaba realizando.

> «Antes de aceptar la actividad en Münster y después del primer semestre pedí con mucho apremio permiso para entrar en la Orden. Me fue negado con miras a mi madre y a la actividad que desempeñaba desde hacía varios años en la vida católica»[124].

Durante su estancia en Münster fue invitada a participar en el Congreso Internacional de Juvisy, cerca de París, para impartir la conferencia *Fenomenología* el 12 de septiembre. Varios grandes pensadores de Alemania participan en este Congreso, como Alois Mager, Fritz Joachim von Rintelen, el filósofo de la religión Daniel Feuling, que trabajó en una edición alemana completa de las obras de Newman con Erich Przywara y Edmund Husserl, Bernhard RosenMöller, que había sido coordinador del Instituto de Pedagogía Científica entre 1923 y 1931, y Gottlieb Söhngen, un teólogo y filósofo alemán que había sido maestro de Joseph Ratzinger (Papa Benedicto XVI).

Sin embargo, el año 1933 trajo consigo grandes trastornos políticos y sociales, que afectaron enormemen-

---

[124] Stein, «Cómo llegué al Carmelo de Colonia», *Obras completas*, vol. I, 501.

te a Edith Stein. El 3 de enero, el presidente Paul von Hindenburg nombró a Hitler Canciller del Reich. Al día siguiente, Hitler insta al presidente a disolver el Parlamento y convocar elecciones. El 27 de febrero, el parlamento nacional, el Reichstag, se incendia, lo que favorece enormemente a los nazis. Como resultado de esta inestabilidad, el Presidente suspende ciertos derechos democráticos, como la libertad de prensa y el derecho de asociación. El 5 de marzo, Hitler ganó las elecciones, con más de 17 millones de votos, un total de casi el 44% de ellos. Hitler es así confirmado como Canciller de Alemania, y desde aquí todo se dirigirá para que concentre todo el poder en sus manos[125].

El 23 de marzo, la Ley de Concesión otorga a Hitler poderes dictatoriales y a la sombra del antisemitismo, el nacionalsocialismo promulga la ley, el 1 de abril, en la que boicotea las tiendas, cuyos propietarios son judíos, y prohíbe la presencia de judíos en cargos públicos, lo que impide a Edith continuar su actividad docente, así como sus conferencias. «Edith acepta sin trauma tener que renunciar a su lugar. No hay miedo en ello ni muestras de odio. Tómalo como un paso más en su vida. Más dolorosa es la comprensión del sufrimiento de su familia y su pueblo judío»[126]. Un nuevo tiempo, una nueva etapa, no menos turbulenta, en la vida de Edith, que sólo estaba siendo pospuesta por su director espiritual, comienza a dibujarse con rasgos fuertes. Comienza a vislumbrar la posibilidad de hacer realidad su sueño vocacional del Carmelo, acelerado por la situación política que está pasando por Alemania, y pronto por Europa, y que todos estos años desde su bautismo no habían sido más que

---

[125] Cf. José Luis Caballero Bono, «La respuesta doctrinal y vital de Edith Stein al nacionalsocialismo», en *Tres filósofos antes del nazismo*, coord. María del Carmen Dolby Múgica (Santander: Ediciones Tantín, 2020), 38-40.

[126] Sancho Fermín, *100 Fichas sobre "Edith Stein"*, 49.

una preparación intensiva para tal paso, como nos cuenta en su escrito autobiográfico *Cómo llegué al Carmelo de Colonia*:

> «Cuando recibí el bautismo el día de Año Nuevo de 1922, pensé que aquello era sólo una preparación para la entrada en la Orden»[127].

El creciente antisemitismo apoyado, patrocinado y alentado por el nacionalsocialismo está desmantelando la sociedad, creando caos y desconfianza y ganando cada vez más fuerza y terreno. Edith, en su lucidez intelectual, decide actuar e intenta una audiencia privada con el Papa Pío XI para exponerle la situación y pedirle que la Iglesia alce su voz, en una encíclica contra el antisemitismo y el nazismo.

La Iglesia universal vivía el Jubileo de la Redención, convocado por el Sumo Pontífice con ocasión del 1900 aniversario de la crucifixión y muerte de Cristo. Por esta razón, no se concede la audiencia privada, sino la inclusión en un grupo pequeño y no individual. Considerando que esto no serviría de nada, abandonó los planes de emprender el viaje a Roma y optó por escribir al Santo Padre el 12 de abril de 1933, recibiendo, a su regreso del correo, un tiempo después, solo su bendición para ella y sus familiares.

> «Sé que mi carta fue entregada sellada al Santo Padre. Algún tiempo después recibí su bendición para mí y para mis familiares. Ninguna otra cosa se consiguió»[128].

Lo cierto es que este silencio y actitud pasiva de la Institución Eclesiástica fue desconcertante, no solo para Edith, y cuando, más tarde, comienzan a llegar las de-

---

[127] Stein, «Cómo llegué al Carmelo de Colonia», *Obras completas*, vol. I, 500.

[128] Stein, «Cómo llegué al Carmelo de Colonia», *Obras completas*, vol. I, 499.

nuncias y confirmaciones, ya era demasiado tarde para detener los trenes de la muerte y el ímpetu animal del régimen.

El nazismo continúa desarrollando sus políticas antisemitas, y después de que en mayo suprimiera los sindicatos, en junio suprimió al partido socialista y abrió el segundo campo de concentración, en Dachau –el primer campo de concentración que se abrió fue en Oranienburg, cerca de Berlín, a mediados de marzo– y el 14 de julio, el Partido Nazi se declara a sí mismo como el partido único en Alemania.

La decisión de ir al Carmelo, que se dibuja en el horizonte, no es, sin embargo, clara y sólo vislumbra contornos favorecidos por el contexto en el que se encuentra Alemania. Necesita madurar la idea, aunque a veces se le ocurre con la evidencia lúcida de que su destino pasa por el Carmelo, incluso porque su vida académica ha terminado, y siente más fuerza y voluntad para realizar su sueño. Decide ir a Beuron para encontrarse con su director espiritual, el P. Walzer, para compartir lo que siente, y luego regresar a Münster.

> «Unos diez días después de mi retorno de Beuron me vino el pensamiento: ¿no será ya tiempo, por fin, de ir al Carmelo?»[129].

Participa en la última de las trece horas de adoración en la fiesta del santo patrón de Münster, San Ludgero, el 30 de abril, Domingo del Buen Pastor, en la iglesia parroquial. Allí comprende claramente que su viaje está ahora en el Carmelo.

> «A última hora de la tarde me dirigí allí y me dije: "no me iré de aquí hasta que no vea claramente si puedo ir

---

[129] Stein, «Cómo llegué al Carmelo de Colonia», *Obras completas*, vol. I, 500.

ya al Carmelo". Cuando se impartió la bendición tenía yo el sí del Buen Pastor»[130].

Se dio la respuesta y se confirmó el sí. Todo lo que faltaba eran los procedimientos normales y pronto pudo entrar en el Carmelo y cumplir su sueño. Se articuló con el Carmelo de Colonia, primero por carta, y luego lo visitó el 27 de mayo de 1933. Después de hablar con la Madre Priora, Josefa del Santísimo Sacramento regresó a Münster por la tarde. Y esperando una respuesta del Carmelo –la Madre Priora le había informado que sería necesario hablar con el Provincial– Edith escribe a Colonia, solicitando una respuesta rápida, debido a la situación incierta en la que se encuentra. Llamada a Colonia, aunque no habían esperado al provincial, fue allí entre el 17 y el 18 de junio y se le informó que tendrían que votar por su admisión. Regresa a Münster de nuevo el domingo por la noche sin respuesta.

> «Al día siguiente recibí el telegrama: "Alegre aprobación. Saludos. Carmelo". Lo leí y me fui a la capilla para dar gracias»[131].

Habiendo recibido el telegrama, sin que muchos supieran de su inminente partida, en el espacio de un mes, resolvió su vida en Münster, aproximadamente un año y medio después de haber llegado a esa ciudad. El 16 de julio se encuentra en Colonia, con motivo de la fiesta de la Reina del Carmen, donde permanece, durante un mes, en una experiencia previa a su entrada. Pronto, allí, será su hogar, aunque, tal vez, por poco tiempo, ya que se está preparando la fundación de un Carmelo en Breslau, suponiendo por la comunidad y por Edith que integrará la nueva comunidad:

---

[130] Stein, «Cómo llegué al Carmelo de Colonia», *Obras completas*, vol. I, 501.

[131] Stein, «Cómo llegué al Carmelo de Colonia», *Obras completas*, vol. I, 503.

> «Ya sabe que voy a Colonia a un convento de mon-
> jas. Pero aún no le he dicho que tengo la intención de
> entrar allí. [...] Aunque, tal vez, no estaré mucho tiem-
> po en Colonia. Pues desde allí ha sido proyectada una
> nueva fundación en Breslau, y he pedido que, de an-
> temano, pueda ser previsto mi traslado a esta nueva
> fundación»[132].

Esto no ha sucedido, y el cambio de comunidad, que se verá obligada a hacer, es por otras razones.

El 15 de agosto partió hacia Breslau para pasar tiempo con su familia, contarles su decisión y despedirse, pasando antes por la abadía benedictina de Maria Laach[133].

> «El primer domingo de septiembre estaba sola con mi
> madre en casa. Ella estaba sentada haciendo punto
> junto a la ventana. Yo muy cerca de ella. Por fin me
> soltó la pregunta por largo tiempo esperada: "¿Qué es
> lo que vas a hacer en las monjas de Colonia?" "Vivir
> con ellas". Siguió una resistencia desesperada. Mi ma-
> dre no cesó de trabajar. Su ovillo se enredó, tratando
> con sus manos temblorosas de ponerlo nuevamente
> en orden, a lo que le ayudé yo, mientras continuaba el
> diálogo entre las dos»[134].

Entre vivir con su familia y tratar de resolver algunas situaciones familiares pendientes, pasa su tiempo en Breslau, a menudo sintiendo el ambiente pesado debido a su decisión. El último día, que pasó en casa, fue su cumpleaños, el 12 de octubre.

---

[132] Stein, Carta 362 (última semana de junio 1933), *Obras completas*, vol. I, 1029.

[133] «Abadía benedictina situada entre Bonn y Coblenza. Fue uno de los centros difusores del movimiento litúrgico en Alemania.» Stein, *Obras completas*, vol. I, nota de pie de página, 505.

[134] Stein, «Cómo llegué al Carmelo de Colonia», *Obras completas*, vol. I, 506.

«Era, a la vez, una festividad judía, el cierre de la fiesta de los tabernáculos. Mi madre asistió a la celebración en la sinagoga del seminario de rabinos. Yo la acompañé, pues al menos aquel día queríamos pasarlo juntas»[135].

Al día siguiente, por la mañana, salió de Breslau para el Carmelo de Colonia, dejando a su familia de sangre en el fondo para abrazar una familia espiritual, dejando a la familia judía para entregarse a una familia religiosa católica. Ese mismo día escribe a su amigo Ingarden, con quien no se ha comunicado durante mucho tiempo, y en la breve carta revela cuán madura es su decisión, cuánto anhelaba esta fecha, que tan profunda e íntimamente preparó:

«Ahora me encuentro de camino hacia Colonia, para ingresar mañana allí en el convento de las carmelitas. Es un plan antiguo, que ha llegado a su madurez por las actuales circunstancias»[136].

El 14 de octubre, víspera de la solemnidad de Santa Teresa, entró en el Carmelo de Colonia, como relata casi hasta el final su escrito autobiográfico *Cómo llegué al Carmelo de Colonia*:

«A las cinco y media salí, como siempre, de casa para oír la primera misa en la iglesia de San Miguel. Luego nos volvimos a juntar todos para el desayuno. Erna vino hacia las siete. Mi madre trató de tomar algo, pero en seguida retiró la taza y comenzó a llorar como la noche anterior. Nuevamente me acerqué a ella y la tuve abrazada hasta el momento de partir. Hice una señal a Erna para que viniera a ocupar mi lugar. Me puse el sombrero y el abrigo en la habitación de al lado, Y luego la despedida. Mí madre me abrazó y besó

---

[135]   Stein, «Cómo llegué al Carmelo de Colonia», *Obras completas*, vol. I, 508.
[136]   Stein, Carta 386 (13,X.1933), *Obras completas*, vol. I, 1054.

con el mayor cariño. Erika agradeció mi ayuda (había trabajado con ella para sus exámenes de maestra en la escuela media; viniendo a mí con sus preguntas mientras yo estaba haciendo mis maletas). Al final exclamó: "El Eterno te asista". Cuando estaba abrazando a Erna, mi madre sollozaba en alto. Salí rápidamente. Rosa y Else me siguieron. Al pasar el tranvía por delante de nuestra casa, no había nadie a la ventana para hacer, como otras veces, unas señales de adiós»[137].

---

[137] Stein, *Obras completas*, vol. I, 509.

3
Del Carmelo a Auschwitz-Birkenau
(1934-1942)

*«Y yo atravesé con profunda paz
el umbral de la casa del Señor»*[138]

El 15 de abril de 1934, domingo del Buen Pastor, medio año después de entrar en el Carmelo, y *un año después*, de en *el mismo* domingo del Buen Pastor, habier recibido el *sí*[139], al terminar el postulantado, Edith comienza su noviciado, recibiendo el hábito de carmelita descalza, en una solemne celebración presidida por el Abad de Beuron, P. Raphael Walzer. También recibe un nuevo nombre, según la tradición impuesta por el Carmelo: Teresa Benedicta de la Cruz, como una nueva identidad, dejando atrás el mundo y la vieja vida. La elección del nombre, como lo que sucedió en el bautismo, también es significativa, siendo «un reflejo de una vida y una vocación. Es la manera de hacer presente un camino trazado por Dios y que asume, en toda su grandeza, incluso

---

[138] Stein, «Cómo llegué al Carmelo de Colonia», *Obras completas*, vol. I, 510. Con esta frase, Edith termina su segundo escrito autobiográfico: «Cómo llegué al Carmelo de Colonia».

[139] Cf. Stein, «Cómo llegué al Carmelo de Colonia», *Obras completas*, vol. I, 501.

con lo que es incomprensible»[140]. De Edith Stein, pasa a Edith Theresa Hedwig Stein con el Bautismo y, a partir de ahora, es Teresa Benedicta de la Cruz, condensando, en el nombre, su camino al Carmelo en un significado profundo y expresivo.

> «He de decirle qué mi nombre de religión lo traje ya conmigo cuando llegué de postulante al convento. Conseguí exactamente lo que pedí»[141].

Del nombre recibido en el bautismo, Teresa permanece, buscando imitar a su madre espiritual, Santa Teresa de Ávila. Benedicta añade porque se había forjado espiritualmente en la fragua benedictina. Toma el nombre de la Cruz porque la Cruz de Cristo es la razón de ser de su vida y porque toma la Cruz como forma de vida.

Como novicia, Benedicta cumple la vida de clausura, y siendo especialista en educación y filosofía, tuvo que dejarse enseñar y guiar en la vida del Carmelo. Hasta ahora, como dueña de sí misma, ella misma llevaba su vida personal, ahora es diferente, porque debe dejarse llevar por la vida conventual. En su carrera, de investigación, clases y conferencias, alcanzó un alto nivel y de reputación incuestionable, moviéndose en altas esferas intelectuales. Ahora, en el silencio y el anonimato del Carmelo, quizás desconocido para la mayoría de las novicias y religiosas, busca y trabaja la teología de la sencillez y de la vida cotidiana, en una vida regulada y marcada por las Constituciones, basadas en la fraternidad y el trabajo sencillo, del día a día, de aquellos que buscan la presencia de Dios en cada momento. En su preocupación por la verdad, había seguido el camino que la había llevado a Husserl, y luego adoptó a Santa Teresa como su guía, sostenida por la Verdad en Santo Tomás de Aquino.

---

[140] Sancho Fermín, *100 Fichas sobre "Edith Stein"*, 62.
[141] Stein, Carta 573 (9.XII.1938), *Obras completas*, vol. I, 1292.

La sencilla vida carmelita, cuyo ritmo y horario se reflejan en una de sus cartas[142], no era totalmente desconocida para Benedicta, sino todo lo contrario: toda su vida, particularmente desde su conversión y el consiguiente bautismo, fue una preparación de tal deseo que había tardado en materializarse. Su vida, enteramente dedicada al estudio y a la filosofía, fueron una reconstrucción de su ser y de su identidad, y al optar por el Carmelo no ignoró ni despreció todo este bagaje intelectual, sino que lo asumió con el fundamento vital, como una roca segura, que sostenía su camino espiritual. De hecho, su búsqueda de la verdad que la había llevado a Cristo fue un camino de integración y cruces con diferentes sensibilidades religiosas, desde el judaísmo hasta el protestantismo; carismático, desde los ejercicios espirituales ignacianos hasta la espiritualidad benedictina; y filosóficos que impregnaron diferentes enfoques de la filosofía, llevándola de la psicología a la fenomenología y luego a la filosofía cristiana. Siempre, en una comprensión del todo y en un diálogo y construcción inclusiva: «desde el plano científico-racional (filosofía-psicología-antropología), desde el plano de la revelación (biblia-teología-tradición), pero también desde el plano de la experiencia íntima y profunda de los místicos (Agustín, Dionisio, Teresa, Juan...) y desde su propia experiencia de Dios»[143].

En el Carmelo condensa todo esto, sin excluir nada, en una experiencia plena y auténtica, que contempla a la persona humana en su búsqueda y encuentro con Dios, en una experiencia personal y profunda, que gana cuerpo y vida en la liturgia. La liturgia fue vivida como el centro de la vida del Carmelo. Desde su bautismo ha-

---

[142] Cf. Stein, Carta 409 (1.V.1934), *Obras completas*, vol. I, 1082.

[143] Edith Stein, *Obras completas. Escritos espirituales (En el Carmelo Teresiano: 1933-1942)*, Dir. Julen Urkiza e Francisco Javier Sancho, vol. V (Vitoria, Madrid, Burgos: Editorial Monte Carmelo, Ediciones El Carmen, Editorial de Espiritualidad, 2004), Introducción general, 20.

bía asumido esta centralidad en su vida, participando en la Eucaristía, haciendo retiros espirituales y dejándose guiar por un director espiritual. Aquí, ahora, con mucho más decoro, sigue haciendo, desde el Oficio divino hasta la Eucaristía, a través de la meditación y la lectura espiritual, el núcleo central, en el que se encuentra y se reencuentra con Dios. Lo mismo podía decirse de las tareas domésticas, para las que no tenía gran inclinación y carecía de experiencia. Sin embargo, típico de su personalidad, no dejó de intentarlo y practicar, buscando mejorar.

Mientras tanto, allá afuera en Alemania, que avanza implacablemente hacia la ruina con políticas de destrucción, aprovechando la muerte del presidente alemán Paul von Hindenburg el 2 de agosto de 1934, Adolf Hitler, a la sombra de la *Ley sobre el Jefe de Estado del Reich alemán* se convierte en el Führer de Alemania, jefe de estado y de gobierno, y, por lo tanto, jefe de las Fuerzas Armadas, concentrando, en sus manos, el poder total y absoluto, confirmado en plebiscito, el 19 de agosto con casi el 90% de los votantes apoyando poderes ilimitados[144].

Durante su vida religiosa, de *sólo* nueve años, continuó trabajando y se dedicó a sus escritos y, posteriormente, a la investigación. Entre los diversos escritos en el Carmelo, que van desde la filosofía hasta la teología, pasando por la poesía y las obras de teatro, durante el año 1934, escribe y publica una biografía sobre Santa Teresa de Jesús y otra sobre Santa Teresa Margarita del Corazón de Jesús[145], (canonizada en marzo de ese mismo

---

[144] Cf. Ian Kershaw, *Hitler,* chap. 12.

[145] Santa Teresa Margarita del Corazón de Jesús (1747-1770) fue una monja carmelita italiana, canonizada por el Papa Pío XI en 1929. Cuatro años antes, en 1925, el mismo Pontífice había canonizado a Santa Teresita del Niño Jesús y la Santa Faz (1873-1897). Teresa Benedicta de la Cruz vive así las primeras canonizaciones de Carmelitas Descalzas, después de Santa Teresa de Jesús (1515-1582). Más tarde, cinco más se

año), así como publica un artículo *Sobre la historia y el espíritu del Carmelo* y otro sobre *Una maestra en educación y formación: Teresa de Jesús*. También se publicó el vocabulario de las *Quaestiones Disputatae de Veritate de Santo* Tomás de Aquino, que había traducido y publicado en dos volúmenes.

El 21 de abril de 1935, también Domingo de Pascua, hizo la Profesión Religiosa temporal[146] por tres años. Ya después de haber hecho sus votos, el P. Theodore Rauch, Provincial Carmelita de Alemania, le pide que continúe su actividad científica en el convento, en una actividad excepcional para una Carmelita Descalza, preparando el manuscrito de *Acto y Potencia*, para ser publicado. Benedicta duda, pero la insistencia del Provincial finalmente la hizo llevar a cabo la tarea, revisando la obra, que había comenzado a escribir en la década anterior y que, desde entonces, había sufrido adiciones, avances y retrocesos. Su compromiso y dedicación fueron tales que surgió una nueva obra, ahora respirada por la oración y forjada por la contemplación: *Ser finito y ser eterno*, que comenzará, sin más, en el mes siguiente, buscando exponer, ante las cuestiones existenciales de la vida, la apertura del ser humano a Dios, yendo al encuentro de esta *verdadera fe*, que buscó y encontró después de su larga *noche oscura*, pero que continuamente requiere que se haga el viaje, sabiendo que no se pueden encontrar respuestas.

---

unirían a esta lista, entre las cuales ella misma, Santa Teresa Benedicta de la Cruz (1891-1942, canonizada en 1998) y también: Santa Teresa de Jesús de los Andes (1900-1920, canonizada en 1993); Santa María Maravillas de Jesús (1891-1974, canonizada en 2003); Santa María de Jesús Crucificado (1846-1878, canonizada en 2015); Santa Isabel de la Trinidad (1880-1906, canonizada en 2016).

[146] Cf. Stein, «La profesión religiosa de Edith Stein», *Obras completas*, vol. I, 1665-1666.

«La fe es una "luz oscura". Nos da a entender algo, pero solamente para indicamos algo que nos sigue siendo incomprensible»[147].

Ese mismo año, el 15 de septiembre, se dictaron las leyes racistas de Nuremberg, por las cuales los judíos fueron privados de sus derechos de ciudadanía, y el 14 de noviembre, los judíos fueron excluidos del derecho al voto. No separada de sus raíces judías, Benedicta se identifica con su pueblo, que sufre en este contexto político y social concreto.

El 14 de septiembre, día de la Exaltación de la Santa Cruz, en 1936, murió su madre –a quien escribía todas las semanas, aunque no nos ha llegado toda esta correspondencia– por la misma ocasión en que Edith renovaba su profesión, según la costumbre del Carmelo.

«Hoy recibí la noticia de que mi querida madre murió en la madrugada de ayer. Fue hacia las 6, cuando nosotras precisamente entonces estábamos reunidas en el coro haciendo la renovación de los votos»[148].

Concluye, por este tiempo, su gran obra Ser *Finito y Ser Eterno*. El 14 de diciembre, se cayó por las escaleras, rompiéndose el brazo y el pie izquierdos, y tuvo que ser hospitalizada. Y dos días después, el 16 de diciembre, su hermana Rosa[149] llegó a Colonia, siendo bautizada y recibiendo la primera comunión el 24 de diciembre, en la capilla del hospital de la Trinidad en Colonia. Edith regre-

---

[147] Edith Stein, «Ser finito y ser eterno», *Obras completas. Escritos filosóficos (Etapa De Pensamiento Cristiano: 1921-1936)*, Dir. Julen Urkiza e Francisco Javier Sancho, vol. III (Vitoria, Madrid, Burgos: Editorial Monte Carmelo, Ediciones El Carmen, Editorial de Espiritualidad, 2007), 635.

[148] Stein, Carta 485 (15.IX.1936), *Obras completas*, vol. I, 1181-1182.

[149] Para una breve reseña biográfica de Rosa Stein, contada por su sobrina: cf. Susanne M. Batzdorff, *Mi tía Edith. La herencia judía de un santo católico* (Madrid: Editorial de Espiritualidad, 2001), 159-165.

sa al convento después de la ceremonia. Benedicta, para esta ocasión, compone el poema *Noche Santa*.

«El 24 por la tarde, a las cuatro, ha recibido el bautismo y por la noche la primera comunión. Puede usted suponer lo feliz que fue aquí y qué alegría significó eso para el Carmelo. Para su recibimiento yo le tenía preparada una sorpresa especial. [...] Así que no ha sido en Lindental, sino en el hospital de las dominicas en Colonia-Braunsfeld, donde nos hemos vuelto a ver. Allí ha podido sentarse en mi cama, y de este modo nos hemos preparado a la fiesta. El 24 pude volver a casa con dos escayolas»[150].

En 1937, el Carmelo de Colonia celebra su tercer centenario de fundación. Ayuda a Madre Teresa Renata Posselt, nacida en el mismo año que Benedicta (1891), en la elaboración de la historia del convento y publica un artículo sobre los *300 años del Carmelo de Colonia*, así como prepara un hermoso estudio sobre *La oración de la Iglesia*.

El 10 de abril de 1938, los nazis se presentaron en el convento para recoger los votos de las monjas. Edith no puede votar porque es judía, asumiendo en sí misma la misión de un pueblo amenazado y perseguido y sufriendo posibles represalias contra el Carmelo en virtud de su presencia. Ese mismo mes, el 21 de abril, hizo su profesión perpetua en la intimidad del convento y pocos días después, el 27 de abril, Edmund Husserl murió en Friburgo. El 1 de mayo, diez días después de su profesión perpetua, recibió el velo negro, signo de su total integración en la vida de la comunidad religiosa carmelita.

Del 9 al 10 de noviembre con la *Reichskristallnacht*[151] –*Noche de los cristales rotos*, en una clara referencia a

---

[150] Stein, Carta 495 (6.I.1937), *Obras completas*, vol. I, 1195.
[151] «La noche de los cristales rotos de 1938, antesala del Holocausto. Nada poético, aunque la terrible "noche de los cristales" evoque

los miles de fragmentos de cristales rotos de las tiendas judías, que se extendieron por toda la ciudad de Berlín– el odio antisemita se resquebraja abiertamente[152]. Este factor lleva a Edith a pedir a sus superiores un traslado al Carmelo de Palestina, pero los superiores, esperando que la situación mejoraría, deciden transladar a Benedicta al Carmelo de Echt, Holanda, al que viaja, estratégicamente, el 31 de diciembre, para no enfrentar problemas en la frontera. Antes de partir, y por sugerencia de la priora del Carmelo, destruyó su testamento, que había hecho en el momento de su profesión religiosa el 21 de abril de 1935.

> «Este testamento se conservó con los restantes en el Carmelo de Colonia, pero antes de mi traslado al Carmelo de Echt, en diciembre de 1938, lo destruí de acuerdo con la querida Madre Teresa Renata del Espíritu Santo, priora de Colonia, pues podía complicar el paso de la frontera»[153].

En el nuevo Carmelo es bien recibida y fácilmente integrada con «servicios más adaptados a su formación espiritual y teológica: maestra de laicas, preparar charlas comunitarias, seguir escribiendo sobre temas de mística y espiritualidad carmelitana»[154].

---

destellos románticos. En cambio, fue devastación. 267 sinagogas fueron destruidas, en Alemania y Austria y 1.400 fueron gravemente dañados, así como 7.500 tiendas judías y casi doscientas residencias fueron atacadas por las fuerzas paramilitares de las SA y la Juventud Hitleriana. Los cementerios judíos fueron violados y miles de personas fueron arrestadas y azotadas. Según la primera reconstrucción murieron 36 personas, en aquella noche, además de decenas de suicidios.» Vatican News, «A Noite dos Cristais de 1938, antecâmara do Holocausto», acedido a 11 de octubre de 2023, https://www.vaticannews.va/pt/mundo/news/2020-11/noite-cristais-holocausto-antissemitismo.html.

[152]   Cf. Kershaw, *Hitler*, chap. 16.
[153]   Stein, «Testamento», *Obras completas*, vol. I, 514.
[154]   Stein, *Obras completas*, vol. V, Introducción general, 27.

El 2 de marzo de 1939, fue elegido el Papa Pío XII[155]. Al comienzo de su pontificado y ante el candente problema alemán, después de consultar a los cardenales, envió una carta a Hitler expresándole el deseo de mantener buenas relaciones diplomáticas. Al mismo tiempo, se posiciona como un aliado de la democracia, aunque usando un lenguaje demasiado eclesiástico, ambiguo y suavizado, que denuncia, pero sin usar nunca los nombres de los países o estadistas a los que se refiere, por un lado, y su silencio o postura pasiva en un intento de evitar males mayores, por el otro, son blanco de críticas[156]. Benedicta de la Cruz, anticipándose al escenario de la inminente Segunda Guerra Mundial en marzo de 1939, pide a la priora que pueda ofrecerse por la paz al Sagrado Corazón de Jesús:

> «Querida Madre: por favor, permítame Vuestra Reverencia ofrecerme al Corazón de Jesús como víctima propiciatoria por la paz verdadera: que el poder del Anticristo, si es posible, se derrumbe sin una nueva guerra mundial, y que pueda ser instaurado un nuevo orden de cosas»[157].

Como una forma de hacer más eficaz su ofrenda al Corazón de Jesús, en una actitud de entrega de la vida y la muerte, para el honor y la gloria de Dios, Sor Benedicta acepta, con *alegría* y *sumisión*, su voluntad, tres años antes de su martirio. El 9 de junio de 1939, ante una persecución cada vez mayor de los judíos, bajo todos

---

[155] El Papa Pío XII, Eugenio Pacelli (1876-1958), fue Nuncio Apostólico en Alemania de 1917 a 1930. El 6 de octubre de 1928, Edith estaba en Espira, teniendo lugar el VII Centenario de la fundación del Convento de Santa Magdalena, estuvo a su cargo recibirle y darle la bienvenida, en nombre de la comunidad. Sumo Pontífice desde 1939 hasta su muerte, en 1958.

[156] Cf. Juan María Laboa, *Los Papas del siglo XX* (Madrid: BAC, 1998), 61-66.

[157] Stein, Carta 589 (26.III.1939), *Obras completas*, vol. I, 1307.

los dominios y territorios conquistados por el régimen nazi, que ya la había obligado a trasladarse al Carmelo de Echt, escribió un nuevo testamento, que mucho más allá de reemplazar al anterior, que fue destruido, autentica una configuración total a la voluntad de Dios, aceptar lo que el futuro le reserva:

> «Este escrito tenga, pues, el valor de un testamento. Poco es lo que me queda y sobre lo cual pueda disponer, pero, en caso de mi muerte, podría servir de ayuda a los queridos superiores conocer mi parecer al respecto. [...] Pido al Señor que se digne aceptar mi vida y mi muerte para su honor y su gloria»[158].

En este testamento, Benedicta dispone de lo poco que tiene, destacando su *Autobiografía* que le gustaría que se publicara durante la vida de sus hermanos o se les entregara, así como su obra *Ser finito y ser eterno* para ser igualmente publicada, aprovecha la oportunidad para extender su agradecimiento a las Hermanas y superioras, y consagra su vida por todos, plasmando así, dos años antes de su martirio, el viernes de la octava del Corpus Christi, estar ya estaba dispuesta a aceptar lo que Dios tiene reservado para ella, en total abandono a su voluntad.

Siguiendo sus pasos, medio año después de llegar a Echt, el 1 de julio, se le unió su hermana Rosa, asumiendo la función de portera del convento, función que en Echt desempeñaban los laicos. Sin embargo, Rosa deseaba unirse a la Orden, lo que no se le permitió, profesando solo como terciaria carmelita más tarde[159].

Preocupada y solidaria por el momento de oscuridad y muerte que atraviesa la humanidad el 4 de agosto de 1939, siguiendo su Testamento, escribió un breve texto,

---

[158] Stein, «Testamento», *Obras completas*, vol. I, 514-516.
[159] Cf. Stein, Carta 627 (26.IV.1940), *Obras completas*, vol. I, 1348.

sin título alguno, y al que, por su contenido de querer vivir su vocación carmelita, llevándola a la perfección y sometiéndose con alegría a la voluntad de Jesús, se ha llamado 'Voto de hacer lo más perfecto':

> «¡Divino Corazón de mi Salvador! Te prometo aprovechar todas las ocasiones para darte alegría; y cuando se me presente una alternativa, quiero escoger lo que más te alegre. Y lo prometo para mostrar mi amor y llegar a la perfección de mi vocación, esto es, a ser una genuina carmelita, una verdadera esposa tuya»[160].

El pequeño papel, que aún se conserva, nos indica, por su estado bastante deteriorado, que esta disposición y promesa suya no fue solo el resultado de un momento, sino de algo consolidado en su vida y que siempre caminaría con él, como un recordatorio permanente de su voto.

Al mes siguiente, el 1 de septiembre de 1939, Alemania invade Polonia, causando el estallido de la Segunda Guerra Mundial, que durará hasta 1945. La mayoría de sus familiares logran emigrar a Estados Unidos, Colombia y Noruega, a excepción de sus hermanos Paul y Elfried[161], que en 1942 fueron deportados, con sus familias, al campo de concentración de Theresienstadt[162].

El 10 de mayo de 1940, los Países Bajos fueron ocupados por las tropas de Hitler, y cuatro días después tuvo lugar la capitulación de los Países Bajos. En una coyuntura cada vez más agresiva y peligrosa, se estudia la posibilidad de trasladar a Edith y a su hermana Rosa a otro Carmel, el de Le Pâquier, en Suiza.

---

[160] Stein, «Voto de hacer lo más perfecto», *Obras completas*, vol. I, 520.

[161] Hacia una breve reseña biográfica de estos dos hermanos por Edith Stein, narrada por su sobrina: cf. Susanne M. Batzdorff, *Mi tía Edith. La herencia jedia de una santa católica*, 149-159.

[162] Cf. Stein, *Obras completas*, vol. V, Introducción general, 28.

El 13 de enero de 1941, los obispos holandeses publicaron una carta pastoral contra la pertenencia al Partido Nazi.

El 1 de septiembre, una ley obliga a todos los judíos en territorio alemán, o bajo su gobierno, a llevar una estrella amarilla.

En noviembre, Teresa Benedicta, pide material para preparar una colaboración en la revista *Philosophy and Phenomenological Research* sobre Dionisio el Areopagita, comenzando a considerar escribir algo para el siglo IV del nacimiento de San Juan de la Cruz, que conducirá, ya en 1942, a su último y más conocido escrito, *Ciencia de la Cruz*.

Se toman las medidas necesarias y se realizan los trámites para que Edith y su hermana Rosa se muden a Suiza, lo que nunca sucede.

El 20 de enero de 1942 se celebró la Conferencia de Wannsee, que consistió en una reunión del gobierno de la Alemania nazi y los líderes de las tropas de las SS y que tuvo lugar en el suburbio berlinés de Wannsee con el propósito de la implementación de la "solución final a la cuestión judía", es decir, coordinar los aspectos logísticos y prácticos para la deportación y aniquilación de los judíos, a mayor escala[163]. En abril de 1942, Benedicta y su hermana Rosa fueron registradas por la Gestapo como judías.

El domingo 26 de julio[164], en todas las Iglesias católicas holandesas, se leyó una Carta Pastoral de los Obispos, en la que condenaban la persecución y deportación de los judíos, que ya habían adquirido proporciones des-

---

[163] Cf. Kershaw, *Hitler*, chap. 21.

[164] En la cronología presentada en el Volumen I de las Obras Completas, dirigido por Francisco Javier Sancho y Julen Urkiza, se indica la fecha del 24 de julio: cf. Stein, «Cronología de Edith Stein», *Obras completas*, vol. I, 127.

mesuradas: «pidamos a Dios, por intercesión de la Madre de Misericordia, que otorgue pronto al mundo una paz justa. Que fortalezca al pueblo de Israel que está atravesando días tan amargos y lo conduzca a la verdadera redención en Cristo Jesús»[165]. El 27 de julio, el Comisario del Reich ordenó la deportación de todos los judíos católicos en represalia.

Arrestada al final de la tarde del domingo 2 de agosto de 1942, del Carmelo de Echt, junto con su hermana Rosa, fue llevada al campo de concentración de Amerfoort. Luego, el día 4, martes, son transportados a Westerbork, desde donde Benedicta escribe a la Madre Antonia y a las otras hermanas del Carmelo de Echt, en una hoja de calendario que llevaba en el bolsillo, informando que están entre más religiosos y sacerdotes, enfatizando que están bien:

> «Estamos completamente tranquilas y contentas. Naturalmente, hasta la fecha sin misa y sin comunión; quizás más tarde sea posible. Ahora nos es dado experimentar un poco cómo se puede vivir sostenidas interiormente»[166].

Al día siguiente, miércoles, todavía en Westerbork, anunciando que se estaba preparando un tren para el viernes, demuestra como asumira una actitud de esperanza, en medio de la incertidumbre y la persecución, que se respira:

> «Aquí hay muchas personas que necesitan un poco de consuelo, y esperan recibirlo de las hermanas»[167].

El jueves redactó la última carta, aventurándose a anticipar un posible destino del tren, que partirá al día

---

[165] M. Teresa Renata (Posselt), *Edith Stein. Una gran mujer de nuestro siglo*, 301-302.
[166] Stein, Carta 676 (4.VIII.1942), *Obras completas*, vol. I, 1410-1411.
[167] Stein, Carta 677 (5.VIII.1942), *Obras completas*, Vol. I, 1411.

siguiente, dejando en el aire la cuestión: Silesia o Checoslovaquia. Ninguno de los dos es el destino. En las primeras horas del viernes, día 7, un tren de carga sale de Westerbork, llevando a 987 judíos bautizados, arrestados en los últimos días. Después de cruzar toda Alemania, al tercer día llega a su destino final: Auschwitz. Una vez allí, la mitad son destinados a trabajos forzados y la otra mitad, directamente, a las cámaras de gas[168].

El 9 de agosto, Benedicta llega al campo de concentración de Auschwitz. En la entrada una frase metálica y fría saluda, astutamente, a los que entran allí, forzados, y que nunca saldrán de allí: 'Arbeit macht frei', que significa 'el trabajo libera'. Un falso aforismo de la ideología nazi, con la única intención de dar una idea de simulada seguridad a los prisioneros para someterlos a trabajos duros y pesados, que eventualmente los aniquilarían a ellos o a las cámaras de gas. Benedicta, que se había embarcado en el camino de la búsqueda de la Verdad, encontró el epílogo de su existencia en un espacio estigmatizado por una falsa libertad. Dando su vida como mártir, bajo una supuesta libertad, murió como vivió: libre, porque era fiel a esta Verdad, que había descubierto en Cristo. «Si os mantenéis en mi Palabra, seréis verdaderamente mis discípulos, y conoceréis la verdad y la verdad os hará libres.» (Jn 8,31-32).

Benedicta llega a Auschwitz un domingo, y ese mismo día, junto con la mitad de los que llegaron en ese convoy, los primeros en salir de Westerbork para el campo de exterminio[169], es destinada a la cámara de gas. Es domingo y «en cuanto es el "primer día", el día de la Resurrección de Cristo recuerda la primera creación. En cuanto es el "octavo día", que sigue al sábado, signifi-

---

[168] Cf. Ezequiel García Rojo, *La sencilla verdad de Edith Stein. Vivir en las manos del Señor* (Madrid: Editorial de Espiritualidad, 2011), 61.

[169] Cf. García Muñoz, *Benedicta de la Cruz*, 266.

ca la nueva creación inaugurada con la resurrección de Cristo» (CEC 2174). Un nuevo y primer día amanece en la vida de Teresa Benedicta de la Cruz, una nueva creación se inaugura, con su muerte, por el martirio, como una vida ofrecida, una nueva vida se abre, desde la Cruz y desde el martirio, iluminada por la resurrección de Cristo. Aunque la muerte parece tener la última palabra, incluso miles, después de Edith Stein, sufren el mismo destino, incluso si el silencio de Dios parece ser escuchado, la muerte de Teresa Benedicta de la Cruz en domingo es un presagio de nueva vida, augura una nueva creación, es un signo de que la esperanza no puede ser aniquilada, es símbolo de la resurrección en Cristo, porque Él es la Resurrección y la Vida, y quien cree en Él, aunque muera, vivirá (cf. Jn 11,25).

Un mes después de su muerte, del Administrador del Consulado Suizo[170], llega la carta a la Madre Superiora de Echt, Antonia Engelmann, concediendo los visados de entrada, en el país, a Edith Teresia Hedwig Stein y Rosa Maria Adelheid Agnes Stein, cambiando la decisión anterior del servicio exterior. Había sido tarde. Ya habían partido hacia su patria final, sellando con testimonio el pasaporte de sus vidas dado por su pueblo.

El 7 de mayo de 1945, Alemania se rindió y terminó la Segunda Guerra Mundial, dejando atrás un rastro de destrucción, orfandad y división. «Gradualmente, sin embargo, una nueva sociedad, establecida en el tiempo, afortunadamente en nuevos valores, emergería de las ruinas de la vieja, porque, en su vendaval de destrucción, el régimen de Hitler también había demostrado, de manera concluyente, la bancarrota total de las ambiciones hipernacionalistas y el poder mundial racista (las estructuras sociales y políticas que las sostenían) que habían preva-

---

[170] Cf. Stein, Carta 57** El Consulado Suizo a Antonia Engelmann (9.IX.1942), *Obras completas*, vol. I, 1699-1700.

lecido en Alemania en el medio siglo anterior y llevado, dos veces, Europa y el mundo a guerras calamitosas»[171].

Con el fin de la guerra, el Carmelo de Colonia comienza las primeras proyecciones para conocer el destino de Edith Stein. Hasta entonces, no se sabía que había muerto y ni siquiera la fecha[172].

---

[171]   Kershaw *Hitler,* Epílogo.
[172]   Cf. M. Teresa Renata (Posselt), *Edith Stein. Una gran mujer de nuestro siglo,* 326-336.

4
Del Martirio a la Humanidad

«Pido al Señor que se digne aceptar mi vida
y mi muerte para su honor y su gloria»[173]

El martirio de Teresa Benedicta de la Cruz, Edith Stein, es solo uno de los innumerables muertos en la masacre de exterminio judío, conocida como el Holocausto o *Shoah*, perpetrada en la Segunda Guerra Mundial que, con su rastro de muerte, destrucción, incertidumbre y miedo barrió Europa y el mundo, cambiando el curso de la humanidad.

Su muerte, como todas las muertes en este genocidio, en la Segunda Guerra Mundial –y en todas las guerras y persecuciones– no fueron, ni son en vano: estas vidas truncadas a la sombra de los ideales mefistofélicos, deben hacer resonar constantemente en la conciencia común el eco urgente del diálogo, la necesidad imperiosa de fraternidad a través de las fronteras, por el valor indispensable de la vida y, en el campo de la fe, la presencia histórica de un Dios con nosotros.

De ninguna manera el martirio de Teresa Benedicta de la Cruz puede considerarse una fatalidad o una des-

---

[173] Stein, «Testamento», *Obras completas*, vol. I, 515-516.

gracia, fruto del azar o de la adversidad a la que estaba sometida, como judía, sino más bien la asunción consciente y libre de la historia personal y colectiva, transformándola a través de la esperanza. Sabiendo que la Cruz, cuando se encuentra y se abraza, exige una radicalidad que se traduce en libertad, toma un camino de seguimiento. El martirio de Edith Stein condensa lo que es la Verdad, resume su búsqueda de la Verdad, revela toda su pasión por la búsqueda de la Verdad, refleja su encuentro con la Cruz, traduce su identidad y expresa su sabiduría basada en esa Cruz que, después de todo, es la Verdad de Dios.

El martirio –«signo elocuente y grandioso que se nos pide contemplar e imitar» (EE 13)– es así la última firma de Edith Stein, la rúbrica de lo que había sido su vida. Es la firma del testigo, significado y primer alcance de la palabra mártir. No cualquier firma, sino la firma por excelencia, escrita con su entrega al martirio, en una opción vital que sólo es posible por el descubrimiento de la Verdad Viviente, Jesucristo, y por el encuentro con su Cruz. Como dijo san Juan Pablo II en el momento de su beatificación, el 1 de mayo de 1987: «Toda la vida de Edith Stein está marcada por una búsqueda incansable de la verdad y está iluminada por la bendición de la Cruz de Cristo»[174].

Como acto último, la entrega de la propia vida en el martirio es sólo una consecuencia de lo que había sido su existencia, y nunca es un acto aislado y sin precedentes. Por esta razón, su vida se combina en la historia, en un viaje continuo, de la que toma conciencia. Los mártires, como recuerda la exhortación apostólica postsinodal Ecclesia in Europa, «expresan en sumo grado el amor y el servicio al hombre, en cuanto demuestran que la obediencia a la ley evangélica genera una vida moral

---

[174] Papa Juan Pablo II, Homilia Ob decretos Servae Dei Edithae Stein Beatorum caelitum honores, AAS 80 (1988), 300.

y una convivencia social que honra y promueve la dignidad y la libertad de cada persona» (EE 13). El martirio no ocurre en un momento, sino que se vive con intensidad y en el límite de la existencia, combinando toda la vida y creando una disposición interior y espiritual que sostiene la dimensión física: «solo vive de verdad el que está dispuesto a morir, pero no por una causa, como hacen muchos, sino por los demás, y no por un grupo, sino por todos. Es seguramente la mejor explicación que se ha dado de la Pasión»[175].

El martirio, que, físicamente, tuvo lugar el 9 de agosto de 1942, en la dimensión espiritual, tiene sus raíces en la acogida y disposición vivida a lo largo de su vida y de modo particular en el encuentro con la Cruz. Una disposición interior y espiritual, que se basa en las palabras de Jesús: «si alguno quiere venir en pos de mí, niéguese a sí mismo, tome su cruz, y sígame» (Mt 16,24) y que se convierte en su nueva gramática bajo la cual guía su vida, en un aprendizaje constante del lenguaje del seguimiento. Para entrar en esto y en el seguimiento de Jesús, Edith Stein se descentra de sí misma, asumiendo la *renuncia a sí misma*, no como abnegación o autodesprecio, negando la vida, sino que implica su existencia, desde su historia, en una actitud de apertura a Dios y al otro, convirtiéndose en punto y puente de comunión. Adoptar la lógica de Jesús lleva a Teresa Benedicta a *tomar su cruz* y a ser de la Cruz, como identidad fundacional para proyectarla en su misión: tomar la cruz sobre sí misma, es la cruz de su pueblo, que también ella lleva. Entrar en la escuela de Jesús implica verdaderamente que el *sígame* resuene como una invitación duradera, como consecuencia del camino recorrido, como un requisito que

---

[175] Francisco Mier, *Trilogía de la Pasión: Pasión de Dios, Pasión de Cristo, Pasión de los Hombres*. (Madrid: Publicaciones Claretianas, 1993), 122.

dicta las opciones existenciales. Este seguimiento, que se hace sólo en la identificación con Cristo y en configuración con la Cruz, nos predispone a la libertad y genera amor, ya que ambos se reclaman mutuamente: «Santa Teresa Benedicta de la Cruz llegó a comprender que el amor de Cristo y la libertad del hombre se entrecruzan, porque *el amor y la verdad tienen una relación intrínseca.* La búsqueda de la libertad y su traducción al amor no le parecieron opuestas; al contrario, comprendió que guardaban una relación directa»[176].

Su vida y obra, de las que nos ocupamos aquí, insertadas en un contexto concreto y único, en el tiempo y en el espacio, deben llevar al hombre de hoy a la búsqueda apasionante de la Verdad, al compromiso sincero con la vida social en la que está inserto y a la apertura a nuevos horizontes de diálogo entre fe, cultura y sociedad.

Esta mujer tenaz y comprometida, que marcó indeleblemente a la sociedad y a la Iglesia del siglo XX, ha suscitado, desde su martirio, a raíz de lo que fue su influencia y testimonio durante los 50 años de su vida, un interés creciente, que sirve de modelo de inspiración a tantos que se ven en ella, porque su vida se había convertido en un libro abierto y actual, combinando el Evangelio en primera persona y enseñándonos a combinarlo en nuestras vidas.

Ya en 1948, sólo seis años después de su martirio y sólo tres años después de la confirmación de su muerte, en el 10º aniversario de la imposición del velo negro a la hermana Benedicta, se publicó la primera biografía de Edith Stein, escrita por M. Teresa Renata Posselt o Teresa Renata del Espíritu Santo (1891-1961), que había sido Maestra de noviciado y priora de Teresa Benedicta de la Cruz.

[176] Papa Juan Pablo II, Homilía *Teresia Benedicta a Cruce Sancta proclamatur*, AAS 91 (1999), 249.

En la Introducción, la Madre Posselt afirma: «lo que apuntaremos no enmarca propiamente una biografía. Es sólo un ramillete lo más real y palpable posible de recuerdos y testimonios, que brindamos como fuente a aquellos que estén llamados a ofrecer a su época una Vida digna de esta gran mujer»[177].

Dos años más tarde, en 1950, con la obra *Ciencia de la Cruz* se inauguró la publicación de sus obras completas.

El 4 de enero de 1962 se abrió oficialmente el proceso eclesial de canonización de Edith por el cardenal de Colonia, el obispo Josef Frings (1887-1978), y unos meses más tarde, el 25 de julio, se abrió el proceso escrito de la causa de canonización. Esta segunda parte del procedimiento escrito concluye el 7 de julio de 1971 y el 14 de enero de 1972 comienza la tercera parte del proceso *De-non-cultu*. El 9 de agosto de ese mismo año, en el 30 aniversario de la muerte de Edith, el cardenal Hoffner concluyó y cerró el proceso diocesano y las actas fueron enviadas a la Santa Sede.

En 1980, la Conferencia Episcopal Alemana pidió a la Santa Sede que iniciara el proceso de beatificación en Roma. Seis años después, el 15 de febrero de 1986, la Congregación para las Causas de los Santos presentó al Papa la petición oficial para proceder a la beatificación de Edith Stein como mártir.

El 1 de mayo de 1987, en el estadio de fútbol de Colonia, fue beatificada por el Papa San Juan Pablo II, quien en su homilía subrayó: «Cuando llegó el momento de dejar el Carmelo, Edith simplemente tomó a su hermana de la mano y dijo: "Venga, ofrezcámonos por nuestro pueblo". Con la fuerza de una discípula de Cristo y dispuesta a

---

[177] M. Teresa Renata (Posselt), *Edith Stein. Una gran mujer de nuestro siglo*, 9.

sacrificarse por él, vio, incluso en su aparente debilidad, una manera de prestar un servicio final a su pueblo»[178].

El 25 de marzo de 1997, el mismo Papa San Juan Pablo II aprobó el milagro para la canonización, aprobándolo, el 22 de mayo, en un consistorio público. El 11 de octubre de 1998, fue canonizada también por el Papa San Juan Pablo II, esta vez en la Plaza de San Pedro en el Vaticano, quien, en su homilía, la presentó como: «Hija de Israel y fiel hija de la Iglesia. [...] Al haberse formado en la escuela de la cruz, descubrió las raíces a las que estaba unido el árbol de su propia vida. Comprendió que era muy importante para ella "ser hija del pueblo elegido y pertenecer a Cristo, no sólo espiritualmente, sino también por un vínculo de sangre"»[179].

Hacia el nuevo milenio y con la mirada puesta en santa Benedicta de la Cruz, hija de este viejo continente, en un tiempo de agitación, el 1 de octubre de 1999, por la Carta Apostólica en forma de "Motu Proprio" *Spes aedificandi*, junto con santa Brígida de Suecia (1303-1373) y santa Catalina de Siena (1347-1380), es declarada copatrona de Europa, lo que significa: «poner en el horizonte del viejo continente una bandera de respeto, de tolerancia y de acogida que invita a hombres y mujeres a comprenderse y a aceptarse, más allá de las diversidades étnicas, culturales y religiosas, para formar una sociedad verdaderamente fraterna»[180].

---

[178]   Papa Juan Pablo II, Homilia *Ob decretos Servae Dei Edithae Stein Beatorum caelitum honores*, 299.

[179]   Papa Juan Pablo II, Homilia *Teresia Benedicta a Cruce Sancta proclamatur*, 247-248.

[180]   Papa Juan Pablo II, Carta Apostólica: *Motu Proprio datae quibus Sancta Birgitta de Suetia, Sancta Catharina Senensis et Sancta Teresia Benedicta a Cruce continental Europae compatronae proclamantur*, 228.

5
Obras y escritos de Edith Stein

«Dondequiera que es indispensable,
siempre encuentro tiempo para escribir»[181]

Como ya hemos visto, Edith Stein, Teresa Benedicta de la Cruz, es una figura de referencia del siglo pasado, por su pensamiento filosófico, antropológico y teológico, por su esfuerzo por defender los derechos de las mujeres y por su adhesión completa y radical al cristianismo[182].

A pesar de ser una mujer activa, que se involucra en la política y que imparte clases, que se encuentra con otros y, más tarde, vive, la intensa vida del Carmelo, Edith legó una serie de escritos. Como ella misma confiesa, siempre encuentra tiempo para escribir, porque es algo que le es característico. Edith Stein necesita extender su personalidad sobre el papel, como una extensión de sí misma y como una continuación de la búsqueda que guía su vida, la búsqueda de la verdad. Edith Stein «escribe porque busca la verdad, piensa porque busca la ver-

---

[181] Stein, Carta 118 (14.XII.1924), *Obras completas*, vol. I, 740.
[182] Cf. Francisco Javier Sancho Fermín, «A sua obra escrita», *Revista de Espiritualidade* 99-100 (julho- dezembro 2017): 193-195.

dad, hace filosofía porque busca la verdad, se comunica porque busca la verdad»[183].

A lo largo de su vida estableció relaciones con otras grandes personalidades de la época, que resultarán influyentes en su pensamiento. Se destacan, por ejemplo, su maestro y amigo Husserl o Heidegger, a quien conoció durante su estancia en Friburgo, o el teólogo y biblista protestante Erik Peterson, que llegó a convertirse al catolicismo, o la mística Therese Neumann[184], a quien conoció antes de su entrada en el Carmelo, entre muchos otros, con quienes se relacionó y que marcaran, indeleblemente el siglo XX.

La preponderancia y el pensamiento de Edith Stein, plasmados en su Obra y en sus escritos, son un legado, que se manifiesta actual e inevitable, no sólo por la influencia en ella de diversos autores, como San Agustín o Santo Tomás de Aquino, como a autores, filósofos y teólogos y notables del siglo XIX y XX. La influencia que ejerció, socialmente, encuentra continuidad y eco sustantivo en sus escritos, que aquí, en esta sección, pretendemos organizar, conscientes de la amplitud de su obra, de los diferentes tipos literarios, que se centra en diversos temas, donde la persona humana, en todas sus dimensio-

---

[183] García Lozano, Rafael Ángel, «Edith Stein: entre el nazismo y la esperanza», en *Actas X Congreso Católico y Vida Pública. "Cristo, la esperanza fiable"*, Universidad CEU San Pablo (Madrid: CEU Ediciones, 2009): 424.

[184] La Sierva de Dios Therese Neumann (1898–1962), conocida, además, por el diminutivo 'Resl de Konnersreut', después de un accidente en 1918 quedó paralizada y ciega. Milagrosamente, quedó sanada, unos años más tarde, y a partir de 1926 comenzaron a ocurrir algunos fenómenos como visiones y estigmas. Desde entonces, y hasta su muerte, no sintia hambre y se alimentaba, solamente, con la Eucaristía diaria. Luchó con resistencia y coraje contra el régimen nazi, convirtiéndose en consejera de varios cristianos, entre ellos, obispos y cardenales.

nes, ocupa un lugar central.[185] Así, la organización de su obra puede encontrar diferentes formas en la estructura, tanto temática como cronológica, identificando y estableciendo etapas y períodos de su pensamiento y que corresponden a su vida, guiada por la búsqueda constante de la verdad.

Dada la amplitud y variedad de la obra steiniana, no sólo en su extensión y grandeza, sino también en la diversidad de géneros y estilos, podemos organizarla por temas, tales como: filosofía, pedagogía, feminismo, antropología y espiritualidad, para resaltar los temas más importantes, como propone el pasionista y teólogo P. Laurentino Pascual[186]. También podemos organizarlo por períodos, cronológicamente, como de hecho es más común encontrar en los diferentes autores, que se centran en la vida y obra de Edith Stein, con más o menos divisiones o subdivisiones, considerando diferentes nombres para los diferentes períodos, pero coincidiendo de manera general con los mismos intervalos de tiempo.

Aquí, con propiedad, queremos proponer una organización de la obra steiniana según su cronología, insertándola así en el tiempo concreto de su historia personal en relación con el mundo que la rodea. Partiendo de la división temporal de la vida y obra de Edith Stein, quien nos presenta, en el citado artículo, al pasionista Laurentino, quien propone como organización de su obra tres períodos –el período fenomenológico (1916-1922), el período pedagógico-neotomista (1922-1938) y el período espiritual y místico (1938-1942)[187]– y teniendo en cuenta

---

185 Cf. Francisco Javier Sancho Fermín, «Os Escritos de Edith Stein», Revista de Espiritualidade 99-100 (julho-dezembro 2017): 207.

186 Cf. Pascual, «Edith Stein: Pasión por la Verdad, Pasión por Dios», 75.

187 Cf. Pascual, «Edith Stein: Pasión por la Verdad, Pasión por Dios», 75. Esta estructura presentada parece encontrar un eco diferente cuando hacemos una lectura de la totalidad del artículo: el período

que esta sistematización, más simplificada y comprensiva, se inspira en la que nos presentan los organizadores de la Colección Española de la traducción de las *Obras Completas* de Edith Stein, donde de una manera más estructurada, proponen diferentes etapas o períodos cronológicos: etapa fenomenológica (1916-1922); aproximación a la filosofía cristiana (1925-1931); conferencias (1928-1931); etapa antropológico-teológica (1932-1933); etapa espiritual y mística (1933-1942), subdividida, según el carácter de los escritos, y encajando en ellas otras secciones distintas de otros y diferentes escritos, como recensiones, escritos necrológicos, cuadernos y apuntes y diversas traducciones o incluso el epistolar[188].

En las *Obras Completas*, que han sido la base de nuestro trabajo, los organizadores han ordenado y sistematizado el pensamiento de Edith en cinco tomos: en el volumen I, sus escritos autobiográficos y las cartas escritas y recibidas, que se conservan; en el volumen II, sus escritos filosóficos, pertenecientes a la que se considera la etapa fenomenológica; en el volumen III, sus escritos filosóficos relacionados con la etapa de su pensamiento cristiano; en el volumen IV sus escritos antropológicos y pedagógicos; y, finalmente, en el volumen V, sus escritos espirituales. Esta sistematización, más inclusiva y dispuesta, requiere que ciertos escritos, por muy objetivos que sean de los organizadores, no se coloquen en su orden cronológico, sino que obedezcan a una planificación temática.

Porque la vida de Edith Stein es un todo, único e irrepetible, insertado en un contexto concreto y singular, su obra es así el fruto de esa misma vida, que se hace

---

pedagógico-neotomista, tal vez, corresponda, como es costumbre identificar, de 1922 a 1933 (y no hasta 1938), lo que significa que, en 1933, año de su entrada en el Carmelo, se abra espacio para el período espiritual y místico.

[188] Cf. Stein, *Obras completas*, vol. I, Introducción general, 69-96.

continua y no fruto de circunstancias aisladas. Cualquier división que se presente, ya sea temática o cronológica, debe entenderse siempre como una mera circunscripción, que pretende facilitarnos y hacernos acercar mejor a su obra. Si es más común verificar la superposición de diferentes temas, dificultando la organización temática, también es cierto que algunas etapas o períodos, porque no son estancos, como ya hemos tenido la posibilidad de ver, por su curso de vida, se mezclen, manifestando, a veces, un difícil establecimiento de límites cronológicos.

Basándonos sobre todo en la vida y obra de Edith Stein intentaremos componer, en este capítulo, una visión panorámica, fundada en la concepción y organización ya presentada, pero centrándonos en el conjunto de escritos en su secuencia cronológica, pretendiendo, así, mostrar cómo se presenta la totalidad de su obra, en el concreto y contexto de su vida, lo que nos hará seguir una línea de tiempo, naturalmente, a la sombra de etapas temáticas, que guían la vida de Edith Stein. Proponemos, por tanto, tres períodos, todos ellos amparados en la búsqueda de la verdad y que van adquiriendo conceptos diferentes: La búsqueda de la verdad en la fenomenología (1913-1922); El Camino de la Verdad en el catolicismo (1922-1933), que se subdivide en diferentes temas; La Verdad traducida en espiritualidad (1933-1942), también subdividida en diferentes sectores temáticos. Como puede verse, las fechas, comunes también a otros autores, son referencias básicas de punto de inflexión en la vida de Edith Stein. A estas tres etapas añadimos un cuarto tramo, transversal a ellas y que, por tanto, no cabría en ninguna de ellas: el Epistolar (1916-1942). En cada etapa, colocando sus escritos cronológicamente, remitimos al lector a los diferentes volúmenes de las *Obras Completas*, permitiéndole conocer la obra de Edith Stein.

5.1. *La búsqueda de la Verdad en la fenomenología (1913-1922)*

Esta primera etapa marca un cambio de paradigma en la vida de Edith cuando, en 1913, se encuentra con el método fenomenológico de Husserl, que la lleva a trasladarse de Breslau a la Universidad de Gotinga. Corresponde, por lo tanto, al período anterior a su conversión, y la consiguiente entrada en la Iglesia Católica, marcada por la investigación bajo el método fenomenológico, que profundiza y desarrolla con su maestro Husserl.

Como primer escrito, destacamos a su *Curriculum Vitae*, que adjunta a su tesis doctoral y que, aquí, presentamos textualmente:

«El 12 de octubre de 1891 nací yo, Edith Stein, en Breslau, hija del fallecido comerciante Siegfried Stein y de su mujer Auguste (de nacimiento Courant). Soy ciudadana prusiana y judía. Desde octubre de 1897 a Pascua de 1906 frecuenté la escuela Viktoria (instituto estatal) de Breslau, y desde Pascua de 1908 a Pascua de 1911, el instituto (sin griego), que le estaba agregado y en el que realicé después el examen de bachiller. En octubre de 1915 logré, después de superar un examen complementario de griego en el instituto San Juan de Breslau, el título de bachiller de un instituto en humanidades. Desde Pascua de 1911 hasta Pascua de 1913 frecuenté la universidad de Breslau. Durante los cuatro semestres siguientes estudié filosofía, psicología, historia y germanística en la universidad de Gotinga. En enero de 1915 aprobé el examen de estado *pro facultate docendi* en propedéutica filosófica, en historia y en alemán, también en Gotinga. A finales de ese semestre interrumpí mis estudios y estuve ocupada durante algún tiempo en el servicio a la Cruz Roja. Desde febrero hasta octubre de 1916 sustituí en el instituto arriba citado de Breslau a un profesor enfermo. A continuación, me trasladé a Friburgo para trabajar como asistente del profesor Husserl.

Quisiera expresar aquí mi cordial agradecimiento a todos aquellos que durante mi tiempo de estudio me ofrecieron estímulo y protección; de manera especial a algunos de mis profesores y compañeros de estudio, gracias a los cuales me fue abierto el paso a la filosofía fenomenológica: profesor Husserl, doctor Reinaclr y la Sociedad Filosófica de Gotinga»[189].

Edith adjuntó este *Curriculum vitae* a su tesis doctoral *Sobre el problema de la empatía*[190], que comenzó a trabajar en 1913 y fue presentada en 1916, en la que pretende analizar el posible acto de comunicación entre los individuos y su capacidad para penetrar en su experiencia y hacerla suya, es decir, es una aclaración del significado y la dinámica del problema de la empatía. Sólo lo que había sido publicado por la autora ha llegado hasta nuestros días, es decir, sólo una parte de la totalidad de la tesis.

Durante este período, se nos presentan algunos estudios y ensayos más[191] sobre filosofía, estado y fenomenología. Entre 1918 y 1919 escribió *Contribuciones al fundamento filosófico de la psicología y las ciencias del espíritu*, que incluía dos estudios, que servirían para lograr una cátedra en una universidad: *Causalidad Psíquica* e *Individual y Comunidad*. Entre octubre y diciembre de 1920, escribió *Una investigación sobre el Estado*. Como resultado de la investigación para la tesis doctoral y las clases introductorias a la filosofía que dirige, escribe, con gran dificultad en ser fechado, *Introducción a la filosofía*. A estos estudios se añaden el Prólogo a la escritura de Adolf Reinach *Sobre la esencia del movimiento*, Resúmenes y notas de conferencias de filosofía; la *Reorganización y redacción de algunos escritos de E. Husserl*; la

---

[189] Stein, «Curriculum vitae», *Obras completas*, vol. I, 524.
[190] Cf. Stein, «Sobre el problema de la empatía», *Obras completas*, vol. II, 71-204.
[191] Cf. Stein, *Obras completas*, vol. II, 212-937.

Publicación de los escritos de Adolf Reinach y, todavía, *Notas y resúmenes de* obras filosóficas. Se añaden dos obras más, escritas en este período[192]: *Verdad, Espíritu y Palabra*, que presenta dificultades, en lo que a cronología se refiere; y, aunque sólo apareció publicado en 1924 y el original no ha llegado a nosotros, puede corresponder a esta etapa el artículo corto *¿Qué es la fenomenología?*

Todavía encontramos los documentos históricos personales de Edith Stein y las cartas relacionadas con ella, como apéndices correspondientes a este período[193]: *Opinión de Edmund Husserl sobre la tesis de Edith Stein*; *Universidad Albert Ludwig* y la *Carta de recomendación de Edmund Husserl a Edith Stein*.

El cambio que tuvo lugar en su vida, pasando de Breslau, donde ya no podía encontrar nada para seducirla intelectualmente, a Friburgo, donde encontró la fenomenología de Husserl, entusiasmó su camino de búsqueda, agudizando su busca. En esta etapa, el intenso descubrimiento de la verdad de Edith es bien evidente, cuya respuesta va encontrandose gradualmente por el camino de la fenomenología. Sin embargo, «la verdad que necesita descubrir Edith es aquella que da sentido y razón de ser a la vida del hombre, o mejor, al misterio que encierra en sí el hombre»[194]. Es en esta etapa que su pensamiento se consolida marcadamente y se estructura su forma de ver la realidad, que le acompañará durante toda su vida, siempre en constante evolución. Es durante esta fase que experimenta un cambio positivo, que le abre horizontes, pero es también en esta etapa que se produce el cambio dramático en los destinos de Europa, con el estallido de la Primera Guerra Mundial. Esto provoca en ella una apertura y una experiencia de

---

[192] Cf. Stein, *Obras completas*, vol. III, 131-157.
[193] Cf. Stein, *Obras completas*, vol. I, 1657-1659.
[194] Stein, *Obras completas*, vol. I, Introducción general, 49.

preocupación por la humanidad, ofreciéndose como voluntaria a la Cruz Roja, dando pasos prácticos en lo que había sido la base de su tesis, la empatía, que se está revelando muy por encima de un concepto abstracto en una comprensión cada vez más objetiva y profunda de la persona.

Sin embargo, el contexto de la Guerra Mundial no sólo experimenta el mundo intelectual, lo que la lleva, al final de la tesis, a ser la asistente de Husserl, sino que también la hace encontrar un mundo hasta ahora desconocido: el mundo de la fe, que lleva a su ateísmo a una actitud de cuestionamiento y se enfrenta a la problemática de la religión, donde dos factores jugarán un papel decisivo en esta coyuntura, tanto desde el punto de vista emocional como humano, con la postura de fe inquebrantable de la viuda Reinach, antes de la muerte de su marido, y desde la perspectiva filosófica e intelectual, con el encuentro con Max Scheller. Es este tortuoso camino de fe, que recorre un acercamiento cada vez más cercano al cristianismo, el que experimenta tensiones internas que la llevan a cuestionarse, en un contexto en el que, por ser mujer, en un panorama político y social peligroso, no se le permite el acceso a una silla. De este modo, el encuentro con el libro autobiográfico de santa Teresa asume un papel providencial, que la lleva a poner fin a su larga búsqueda de la verdadera fe, como dirá más tarde en *Cómo llegué al Carmelo de Colonia*.

5.2. *El Camino de la Verdad en el Catolicismo (1922-1933)*

Esta segunda etapa, que comienza con el Bautismo, no anula la anterior, ni se presenta como si la vida de Edith comenzara de cero. Las etapas, al no estar separadas estancas, son solo estructuras que nos permiten organizar su vida y trabajo y acceder a ellas con mayor facilidad. Desde el principio, este período, que se sitúa entre las guerras mundiales, será un momento de reflorecimiento intelectual y católico, en el que Edith Stein se integrará. Es una etapa de encuentro y diálogo entre filosofía, fenomenología, psicología, pedagogía y religión, que articuladas, se desarrollará en diversos escritos, de diferentes tipos, que atravesarán una panoplia de temas clave como la educación, el papel y la misión de la mujer, la formación religiosa y católica, la vocación del hombre y la vida cristiana, insertado en el contexto social, que atraviesa y que, a continuación, presentaremos subdividido en cuatro secciones.

5.2.1. *Aproximación a la filosofía cristiana*

Esta fase de aproximación a la filosofía católica tradicional, con la que establece puentes con la filosofía moderna, va acompañada de las diferentes actividades intelectuales en las que está involucrada entre 1925 y 1931[195]. Así, en esta etapa surge *Qué es la filosofía? Un diálogo entre Edmund Husserl y Tomás de Aquino*, con motivo del 70 aniversario de Edmund Husserl, publicado en 1929; y *La fenomenología de Husserl y la filosofía de Santo Tomás de Aquino –Ensayo de una confrontación* que aborda, en la estela del primero, el mismo tema, pero el anterior colocado de una manera más neutral, el segundo no llegó a ser publicado; *Acto y Potencia– estudios sobre una filosofía del Ser*, escritos en 1931, con el fin de obtener la calificación para una cátedra en una universidad, busca abordar, de una manera más seria y sistematizada, el mismo tema que había tratado en los dos artículos anteriores, es decir, una confrontación de las dos filosofías. *La importancia de la fenomenología para la cosmovisión*, escrita posiblemente alrededor de 1931; *Conocimiento, Verdad, Ser* que se supone que fue

---

[195] Cf. Stein, *Obras completas*, vol. III, 55-128; 159-586; 1202-1213.

escrito alrededor de 1932-1933, *Naturaleza, Libertad y Gracia*, publicado, erróneamente, con el título de *Estructura óntica de la persona y su problemática cognoscitivoteórica*, que ofrece bastantes problemas, con respecto al origen, título y cronología, apareciendo, únicamente, publicado en 1962.

Entre 1932 y 1933 Edith publicó la traducción alemana de la obra latina de Santo Tomás de Aquino *Quaestiones disputatae de Veritate*, en dos volúmenes, a los que añade un Prólogo. De esta etapa, también son las intervenciones de Edith Stein en la Jornada de estudios de la Sociedad Tomista, *La Fenomenología*, algunas otras Traducciones de autores como Alexandre Koyré, John Henry Newman, Santo Tomás de Aquino y San Agustín, así como Apuntes de obras filosóficas y teológicas.

5.2.2. *Conferencias*

Aunque varios autores apuntan el inicio de esta sección en 1928, lo cierto es que otras conferencias encajan en ella, a partir de 1926, extendiéndose hasta 1933, cuando ingresó en el Carmelo. Cronológicamente, este no es un sector diferente del anterior o del siguiente, sino que existe con él y en él, en una subdivisión de orden temático.

Los escritos, que se presentan aquí, fueron conferencias[196] dadas por Edith en varias ciudades y se basan esencialmente en tres pilares: vivir y ser cristiano, la educación y el papel y la misión de las mujeres. *Verdad y claridad en la enseñanza y educación* dada en Espira en el Congreso de Pedagogía el 11 de septiembre de 1926 y repetida al día siguiente en Kaiserslautern. El 12 de abril de 1928, en Ludwiggshafen, en el XV Congreso de Maestras Católicas de Baviera, habla sobre *El valor es-*

---

[196] Cf. Stein, *Obras completas*, vol. IV, 55-445.

pecífico de las mujeres en su significado para la vida de las personas y posiblemente en el otoño del mismo año, presenta *Los tipos de psicología y su significado para la pedagogía*. A finales de agosto de 1929, en Múnich, dio una conferencia titulada *Contribuciones de los institutos monásticos en la formación religiosa de la juventud*.

El 24 de abril del año siguiente, 1930, en Friburgo, habló sobre *Fundamentos teóricos del aspecto social de la educación;* el 14 de julio, con motivo del jubileo del 900 aniversario de la catedral de Espira, presentó la *Educación Eucarística* y, en el mismo mes, en la Asamblea de la Asociación Universitaria Católica en Salzburgo, la conferencia *El 'Ethos' de las profesiones femeninas*. Aún en 1930, en octubre, a los maestros católicos de Espira pronuncia *Sobre el concepto de formación*; en noviembre, ante el Comité de formación para la sociedad católica alemana de mujeres, en Bendorf, presenta *Fundamentos de la formación de la mujer* y el 2 de diciembre *El intelecto y los intelectuales*, en Heidelberg.

El 13 de enero de 1931, en Ludwiggshafen, a la delegación de la Asociación Universitaria Católica, dio la conferencia *El misterio de la Navidad*, y en Múnich, en el Congreso Pascual de las Jóvenes Maestras, de la Asociación de Maestras Católicas de Baviera, en abril, presentó *La misión de las mujeres* y a finales de ese mes, en Viena, *Isabel de Hungría: natural y sobrenatural en la formación de una santa*. En octubre de ese mismo año, presentó *Vocación del hombre y la mujer según el orden de la naturaleza y la gracia* en Aquisgrán.

Ya en 1932, en enero y en Zurich, expuso *Configuración de vida en el espíritu de Santa Isabel* y *vida cristiana de mujer*. El 31 de marzo presenta, en Ratisbona, *Profesoras de formación universitaria y de magisterio* y en junio, de nuevo en Ludwiggshafen, *Natural y sobrenatural en 'Fausto' de Goethe*. En dos partes, el 1 y 3 de abril, a través de la radio bávara, en el programa *La Hora de la*

Mujer, habla sobre *El arte de la educación materna* y en mayo, esta vez en Essen, en la XLVII Asamblea General de la Unión de Maestras Católicas Alemanas, presenta *Tiempos difíciles y enseñanza*. Con motivo de las bodas de plata de la Asociación Hildegardis en junio de 1932, escribió un artículo/conferencia sobre la *Misión de Mujeres Académicas Católicas*, publicado en el mismo año, en un folleto conmemorativo del aniversario. En julio, en Augsburgo, presentó *El papel de la mujer como guía juvenil para la Iglesia*.

El 5 de enero de 1933, presentó *Formación de la juventud a la luz de la fe católica* en un Congreso en Berlín, organizado por el Instituto Alemán de Pedagogía Científica de Münster, la Asociación de Maestros Católicos del Reich y la Unión de Maestras Católicas de Alemania. La última conferencia, de la que tenemos conocimiento, *Fundamentos teóricos de la formación de la mujer*, sólo sabemos de su publicación, en abril de 1933, y no se sabe cuándo se pronunció, así como sobre la conservación de su original.

5.2.3. Antropología teológica

Este corto período de la vida de Edith corresponde al tiempo que enseñó en el Instituto de Münster entre 1932-1933. Estos escritos[197] son las clases que orientó o tenía la intención de enseñar antes de la prohibición de la enseñanza de judíos. *Problemas de la formación de la mujer* es el título del curso impartido, en el semestre de invierno de 1932-1933, que es seguido por *Estructura de la persona humana* y todavía *¿Qué es el hombre? La antropología de la doctrina católica de la fe*. Es una síntesis antropológica, basada en sus reflexiones filosóficas y conclusiones teológicas, donde analiza al ser humano, a

---

[197] Cf. Stein, *Obras completas*, vol. IV, 451-986.

partir de su unidad personal y su unidad con Dios y con la humanidad.

5.2.4. Otros escritos

Dentro de esta sección, encontramos, todavía, publicados de sus escritos[198], varias *Recensiones*; los *Esquemas de las clases de literatura dadas en Espira*, entre 1923 y 1931; el texto *Discusión: fundamentos* de la formación de las mujeres, fruto de un diálogo, después de la conferencia que impartió en Bendorf, en 1930 (*Fundamentos de la formación de la mujer*); y también, un breve índice titulado *Esquema de una conferencia sobre pedagogía*, así como *Apuntes varios*[199], en un pequeño cuaderno, de notas fechadas, donde recoge los temas más variados, correspondientes al tiempo anterior a su entrada en el Carmelo, entre 1929-1930.

También encontramos otros documentos históricos personales de Edith Stein y Cartas relacionadas con ella, como apéndices correspondientes a este período[200]: *Acta de Bautismo de Edith Stein*; *Testimonio de la confirmación de Edith Stein*; *Heinrich Finke a Maria Schluter-Hermkes*; *Maria Schluter-Hermkes a Heinrich Finke*; de nuevo, otra carta de *Heinrich Finke a Maria Schluter-Hermkes*; *Raphael Walzer a la Subpriora del Carmelo de Colonia*; y *Adolf Donders a Subpriora del Carmelo de Colonia*.

5.3. *La Verdad traducida en espiritualidad (1933-1942)*

La espiritualidad de Edith Stein, como la de los grandes místicos del Carmelo Teresiano, «es una espiritualidad recia y evangélica, caracterizada por la sobriedad y

---

[198] Cf. Stein, *Obras completas*, vol. IV, 989-1149.
[199] Cf. Stein, *Obras completas*, vol. V, 898-910.
[200] Cf. Stein, *Obras completas*, vol. I, 1659-1662.

el realismo, cristocéntrica y acrisolada en el misterio de la cruz, alejada de los entusiasmos místicos y orientada a vivir la historia cotidiana desde la fe desnuda y la aceptación de la voluntad de Dios»[201]. Es de esta espiritualidad, traducida a la Verdad y que la proyecta en la Vida, la que trataremos en esta sección, en este tercer período de su vida, correspondiente al tiempo en que vemos más variedad de géneros literarios y escritos, en general, más cortos y más ocasionales. Están contextualizados en el tiempo de su vida consagrada en el Carmelo. A pesar de entrar en el convento en 1933, el primer escrito en el campo de la espiritualidad aparece sólo en 1934. Sin embargo, como esta sección incluye sus escritos autobiográficos, que desarrolló en el Carmelo, el primero, la *Autobiografía*, comenzó a escribirse en Breslau en los últimos meses que vivió allí, antes de entrar en la Vida Religiosa. Las obras de esta sección, como otras subdivisiones, como, por ejemplo, en las *Obras Completas*, están estructuradas de la siguiente manera: escritos de espiritualidad y mística; histórico-doctrinal; de carácter autobiográfico; meditaciones; escritos menores. Porque están integrados en este período y tema, integramos en este apartado tres secciones más: *Ser finito y ser eterno*, *Ciencia de la Cruz*, y otros escritos, donde recogeremos los escritos restantes escritos en el Carmelo, no contemplados en las otras categorías.

5.3.1. *Espiritualidad y mística*

En estos escritos de espiritualidad y mística vemos reflejada su experiencia personal de la fe católica en el contexto carismático carmelita. A partir de su experiencia intelectual y su interioridad espiritual, busca ofrecer subsidios para una vida profunda[202]. El artículo publicado

---

[201] Pascual, «Edith Stein: Pasión por la Verdad, Pasión por Dios», 80.
[202] Cf. Stein, *Obras completas*, vol. V, 53-477.

en 1935, *Una maestra en educación y formación: Teresa de Jesús*, busca, desde su experiencia personal, ofrecer la vida de Santa Teresa de Ávila como propuesta y modelo de educación y formación. *La oración de la Iglesia* es quizás el escrito más conocido de espiritualidad de Sor Teresa Benedicta de la Cruz, donde busca una cierta armonía en las diferentes formas de oración dentro de la Iglesia, enfatizando la oración litúrgica. También encontramos el artículo *Los Caminos del Conocimiento de Dios*, publicado póstumamente, donde parte de la vida y el ejemplo de Dionisio el Areopagita y presenta varias formas de acceder a Dios. También incluye dos escritos de profunda espiritualidad: el *Castillo Interior*, como apéndice a la obra *Ser finito y ser eterno*, donde se busca, desde la psicología, hacer un análisis de la escritura de Santa Teresa, *Moradas*; y la gran obra, de las más conocidas, *Ciencia de la Cruz*, diseñada y escrita para el IV Centenario del nacimiento de San Juan de la Cruz, que se celebraría en 1942, que solamente fué publicado más tarde, póstumamente, en 1959.

5.3.2. *Ser finito y ser eterno* – 'biografía intelectual'

Ser finito y ser eterno[203] es el *opus magnum*, la gran obra filosófica de Edith Stein. Aunque se trata de un escrito filosófico-neotomista, lo desplazamos, en esta tercera etapa, porque ya se produjo en el Carmelo, poco después de su Profesión Religiosa, en 1935, a petición de su Provincial, quien le pidió que revisara la obra *Acto y Potencia*, escrita en la década anterior.

> «Cuando la autora fue admitida en la orden de los Carmelitas Descalzos, después de terminar su año de noviciado, recibió de sus superiores el encargo de preparar su antiguo borrador para imprimirlo. Ha resul-

---

203 Cf. Stein, *Obras completas*, vol. III, 589-1200.

tado una versión completamente nueva; únicamente fueron incluidas unas cuantas hojas (el principio de la primera parte) de la versión anterior»[204].

De esta revisión surge este trabajo, ahora con nuevos fundamentos y con nuevas líneas más fuertes, con el objetivo de tejer la malla que entrelaza la filosofía tomista y la fenomenología, es decir, que entrelaza las cuestiones existenciales de la vida con la apertura del ser humano a Dios, buscando presentar tal encuentro de la verdadera fe que buscó y encontró, después de su larga noche oscura, requiriendo siempre la continuación del camino, sabiendo que no se pueden encontrar respuestas.

«Se conservó el punto de partida, a saber, la doctrina tomista del acto y la potencia, pero sólo como punto de partida»[205].

A esta obra se añaden dos apéndices: el *Castillo Interior*[206], que parte del escrito *Moradas* de Santa Teresa, y *La Filosofía Existencial de Martin Heidegger*[207].

Esta suya *opus magnum* es la combinación de su pensamiento filosófico, teológico y antropológico, en un intento de crear una filosofía cristiana que reúna el pensamiento de los grandes doctores de la Iglesia, escolásticos y místicos, con la filosofía moderna. Al mismo tiempo, es una síntesis de su camino espiritual, de su encuentro con Cristo, a través de lo humano[208]. «El concepto de "ser finito" y de "ser eterno" tiene otras connotaciones esenciales, que va especificando. Pero lo que realmente

---

[204] Stein, «Ser finito y ser eterno», *Obras completas*, vol. III, 605.
[205] Stein, «Ser finito y ser eterno», *Obras completas*, vol. III, 605.
[206] Cf. Stein, *Obras completas*, vol. III, 1113-1136.
[207] Cf. Stein, *Obras completas*, vol. III, 1137-1200.
[208] Cf. Hanna Barbara Gerl-Falkovitz, «Essere finito ed essere eterno. L'uomo come immagine della Trinità», en *Edith Stein, Testimoni di oggi, Profeta per domani - Atti del Simposio Internazionale*, Roma - Teresianum, 7-9 ottobre 1998, ed. J. Sleiman e L. Borriello (Vaticano: Libreria Editrice Vaticana, 1999), 269-270.

interesa destacar aquí es la implicación de lo finito en lo eterno; la fuente de lo finito es el Dios infinito; el fundamento del yo existencial es el Dios de la eternidad»[209].

En esta obra, la más grande y extensa de Edith, dividida en ocho secciones, cuyo nombre completo es Ser Finito y Ser Eterno. Ensayo de un ascenso al sentido del ser, «el tema principal es la cuestión de la verdad, que Stein, realizando una convergencia entre aristotelismo, tomismo y fenomenología»[210], nos muestra su 'biografía intelectual', según la definición del amigo y filósofo francés Alexander Koyré[211] y al mismo tiempo «inaugura un nuevo género literario que podríamos denominar como autobiografía filosófica, en el sentido que su filosofar sigue la misma trayectoria que siguió su vida»[212].

Partiendo de la condición de filósofa e intelectual, a la que se suma su costilla judía, que la talla en gran medida, y, posteriormente, su condición cristiana y consagrada, Edith Stein asume su papel en la historia: «la metafísica y la mística, la filosofía escolástica con el método fenomenológico»[213], como ella misma reconoce:

> «Este libro ha sido escrito por una principiante para principiantes. La autora, a una edad en que los demás podrían pretender el título de maestro, estaba obligada a volver a comenzar su camino»[214].

[209] Ciro García, Edith Stein: Una espiritualidad de frontera (Burgos: Monte Carmelo, 1999), 33.
[210] María Teresa Russo, «La experiencia mística desde los fenómenos: Edith Stein y el interior Castillo de Teresa de Ávila». Steiniana, Revista de Estudios Interdisciplinarios, vol. II, 2 (2018): 74.
[211] Cf. Sancho Fermín, 100 Fichas sobre "Edith Stein", 135.
[212] Stein, Obras completas, vol. I, Introducción general, 74.
[213] Pascual, «Edith Stein: Pasión por la Verdad, Pasión por Dios», 72.
[214] Stein, «Ser finito y ser eterno», Obras completas, vol. III, 604.

5.3.3. Ciencia de la Cruz – 'testamento espiritual'

Si su gran obra *Ser finito y ser eterno* es, en palabras de su amigo y filósofo Koyré, su 'biografía intelectual', en la medida en que inaugura una filosofía cristiana, que reúne la escolástica y la mística con la filosofía moderna, su última obra, *Ciencia de la Cruz*, puede presentarse como su 'testamento espiritual'[215], porque expresa el mensaje, la experiencia y el seguimiento de la cruz como ciencia de la vida, teniendo como fuente los escritos y el conocimiento de San Juan de la Cruz.

Cuando Edith se pone a trabajar en esta obra, tiene ya un esquema de trabajo definido y tripartido[216]: el *Mensaje de la Cruz*, la *Doctrina de la Cruz* y el *Seguimiento de la Cruz*, las tres partes que componen *Ciencia de la Cruz*. En la primera parte –*Mensaje de la Cruz*– busca descubrir los caminos que fertilizan el mensaje de la cruz en la vida de San Juan de la Cruz, figura en la que se centra. En una segunda sección –*Doctrina de la Cruz*– que siendo la más desarrollada, unifica y da el significado primordial a toda la obra, Edith, bajo la clave de la lectura de la sabiduría de la cruz, que presenta el apóstol San Pablo, busca leer y analizar los escritos de San Juan de la Cruz, dando voz a sus escritos. La tercera y última parte de la obra –*Seguimiento de la Cruz*– surge como consecuencia de las dos anteriores, donde Edith pretende condensar toda la vida y doctrina de San Juan de la Cruz, que son imagen de su propia experiencia[217]. A partir de San Juan de la

---

[215] Cf. Ezequiel García Rojo, *Edith Stein: existencia y pensamiento* (Madrid: Editorial de Espiritualidad, 1998), 165.

[216] En cuanto a la Estructura y proceso de redacción, así como a los *Índices de Ciencia de la Cruz*, elaborados por Edith Stein, tanto el original, con varias correcciones añadidas por la autora, como el definitivo: cf. Stein, Introducción a la «Ciencia de la Cruz», *Obras Completas*, vol. V, 188-194.

[217] Cf. Sancho Fermín, *100 Fichas sobre "Edith Stein"*, 159.

Cruz, Benedicta hace de la cruz el diapasón con el que afina y armoniza su escrito.

La *Ciencia de la Cruz*, no es, ni pretende ser, como ella misma deja claro en la Introducción a la obra, un tratado intelectual de meros conceptos, sino un ensayo del espíritu, que busca la verdad, una experiencia de vida surgida de la teología de la cruz y que toma la cruz como puente hacia la plenitud:

> «Cuando hablamos de "ciencia de la cruz", no ha de entenderse en el sentido corriente de "ciencia": no se trata de una simple "teoría", es decir, ni de una pura relación –verdadera o pretendida– de proposiciones auténticas, ni de una construcción ideal en base a pensamientos coherentes. Se trata de una verdad bien conocida –una teología de la cruz–, pero verdad viva, real y operante»[218].

No es solamente su sabiduría, conocimiento y capacidad intelectual, sino que es, fundamentalmente, todo su amor, cariño y estima por su maestro espiritual, lo que se vierte en *Ciencia de la Cruz. A Juan de la Cruz, Doctor de la Mística y Padre de los Carmelitas en ocasión del 400 aniversario de su nacimiento,* haciendo de esta obra «un estudio unitario y global de la doctrina sanjuanina, tanto desde el punto de vista biográfico como doctrinal y vivencial»[219]. Estos dos personajes singulares –Juan de la Cruz y Teresa Benedicta de la Cruz– que vivieron separados, en la historia y en el tiempo, por 400 años, disfrutando de un encanto tan similar, a pesar de haber vivido experiencias tan asimétricas, los encontramos juntos, con su vida, su memoria y legado, en un camino paralelo y con una identidad similar:

---

[218] Stein, «Ciencia de la Cruz», *Obras Completas*, vol. V, 205.
[219] Sancho Fermín, *100 Fichas sobre "Edith Stein"*, 159.

«La doctrina de la cruz de san Juan no podría considerarse como ciencia de la cruz en la acepción dada, si se fundase en un simple punto de vista intelectual. Pero lleva el sello auténtico de la cruz»[220].

Palabras de Teresa Benedicta en *Ciencia de la Cruz*, que bien podrían aplicarse a ella, autenticadas también por el mismo sello de la cruz, que había atestiguado la doctrina del místico y carmelita español del siglo XVI.

Por ser una de las obras steinianas más conocidas, difundida y traducida, existen numerosos estudios que se centran en la *Ciencia de la Cruz*[221], ofreciendo análisis detallados y valiosas aportaciones, que nos permiten acercarnos mejor a esta obra y sumergirnos en la profundidad de su mensaje.

5.3.4. *Escritos histórico-doctrinales*

Estos escritos, organizados en este talante histórico-doctrinal[222], encontramos pequeñas obras realizadas a petición de la comunidad religiosa durante su estancia

---

[220] Stein, «Ciencia de la Cruz», *Obras Completas*, vol. V, 441.

[221] Entre los más variados estudios sobre *Ciencia de la Cruz*, destacamos algunos: cf. Francisco Javier Sancho Fermín, *Edith Stein, modelo y maestra de espiritualidad* (Burgos: Editorial Monte Carmelo, 1997); cf. Francisco Javier Sancho Fermín, «Dentro del sanjuanismo moderno: la «Ciencia de la Cruz» de Edith Stein», Revista *Teresianum* 44 (1993): 323-352; cf. Francisco Javier Sancho Fermín, «Edith Stein Carmelitana: ambiente y espiritualidad', en *Edith Stein, Testimoni di oggi, Profeta per domani – Atti del Simposio Internazionale*, Roma – Teresianum, 7-9 de octubre de 1998, ed. J. Sleiman y L. Borriello (Vaticano: Libreria Editrice Vaticana, 1999), 204-222; cf. Steven Payne, «Edith Stein y S. Giovanni della Croce», en *Edith Stein, Testimoni di oggi, Profeta per domani – Atti del Simposio Internazionale*, 251-268; cf. Javier Sesé, «La 'ciencia de la cruz': la enseñanza de San Juan de la Cruz, a la luz del pensamiento de la Beata Edith Stein», Revista *Scripta Theologica* 23 (1991): 643-665; cf. Carlos H. do C. Silva, «Ciência da cruz ou experiência mística? A propósito de Edith Stein e Jean Baruzi sobre Juan de la Cruz», Revista *Didaskalia* XXXVIII (2008): 349-414.

[222] Cf. Stein, *Obras completas*, vol. V, 493-607.

en el Carmelo de Colonia. De entrada, *Amor con amor, Vida y obra de Santa Teresa de Jesús* se destaca, como el primero escrito en el Carmelo, fechado el 2 de febrero de 1934, fiesta de la Purificación de María, en el que traza la vida de Teresa de Ávila, a quien considera madre espiritual, destacando los momentos centrales de su vida. En la lista de estos escritos histórico-doctrinales se añade: *Sobre la historia y el espíritu del Carmelo*, donde demuestra un gran dominio y conocimiento sobre la espiritualidad e historia carmelita; *Santa Teresa Margarita del Corazón de Jesús*; *Una mujer alemana y gran carmelita, Madre Francisca de los Méritos Infinitos de Jesús, ocd*; *Un reformador conventual: P. André de São Romualdo, ocd, 1919-1883*; *Un instrumento elegido de la Sabiduría divina: Hermana María, Amada de Jesús* y también *300 años del Carmelo de Colonia*.

5.3.5. Escritos autobiográficos

Estos escritos, de carácter autobiográfico, son los que nos ofrecen más detalles de su vida, su camino, su familia y su círculo de amigos. Los dos grandes destaques son la *Autobiografía. Vida de una familia judía*[223], proyectada por Edith, para ser escrita antes de su entrada en el Carmelo, pero que acabó siendo escrita ya en el convento, aunque comenzó, en los últimos meses, aún en su familia. Esta obra, cuyo manuscrito se conserva, pretende, por así decirlo, demostrar a los antisemitas alemanes la

---

[223] Cf. Stein, «Autobiografía. Vida de una familia judía», *Obras completas*, vol. I, 159-491. Sobre las razones que llevan a Edith a escribir su historia familiar, los detalles y las condiciones de la escritura, así como la interpretación filosófica y teológica de la vida, según ella misma, y cómo podemos leerla hoy, cf. José Luis Caballero Bono, «Las condiciones de una Autobiografía» en *Para entender a Edith Stein*, ed. Urbano Ferrer (Madrid: Biblioteca Palabra, 2008), 153-184; cf. Emilia Bea Pérez, «Edith Stein, hija del Pueblo judío e hija de la Iglesia» en *Para entender a Edith Stein*, ed. Urbano Ferrer (Madrid: Biblioteca Palabra, 2008), 103-118.

vida cotidiana y la normalidad de la vida de una familia judía, que tiene un gran sentimiento patriótico y vive de manera plenamente integrada en la sociedad. El escrito, con varias partes en falta, termina, cuando su defensa de la tesis doctoral. En la línea de esta autobiografía surge otra, de la que también se conserva el manuscrito original, más espiritual y más pequeño: *Cómo llegué al Carmelo de Colonia*[224], donde, como su título indica, muestra el camino que la condujo al Carmelo, en el período comprendido entre enero y octubre de 1933. Otros dos pequeños textos, que, de manera única, son autobiográficos, en el tramo final de su vida: el *Testamento*[225], escrito ya en Echt, Países Bajos, el 9 de junio de 1939, como identificación con su pueblo y dedicación de su vida por la paz universal, por la Orden Carmelita y por la Iglesia, y otro escrito, del 4 de agosto de 1939, también, en Echt, donde se compromete, a la buena manera carmelita, a agradar a Jesús, sin título, y a quien se le ha dado el nombre de 'Voto de hacer lo más perfecto'[226].

5.3.6. Meditaciones

Aquí se incluyen las meditaciones[227], escritas a petición de la comunidad y nunca destinadas a ser publicadas. En estos textos de meditación, Sor Benedicta expone la consagración religiosa y los consejos evangélicos a la luz del misterio de la Cruz y de la Epifanía del Señor: *Bienaventurados los pobres de espíritu*; *Amor a la Cruz: algunos pensamientos con ocasión de la fiesta del Santo Padre Juan de la Cruz*; *Sancta Discretio*; *Exaltación de la Cruz*; *Vida oculta y epifanía*; *Con motivo de la profesión de Sor Miriam*; *Las bodas del Cordero*;

---

[224] Cf. Stein, *Obras completas*, vol. I, 497-510.
[225] Cf. Stein, *Obras completas*, vol. I, 514-516.
[226] Cf. Stein, *Obras completas*, vol. I, 520.
[227] Cf. Stein, *Obras completas*, vol. V, 612-668.

En la fiesta de la Epifanía de 1941; Elevación de la Cruz; Los Tres Reyes Magos.

5.3.7. Escritos menores

Entre estos escritos, llamados por algunos autores, escritos menores, encontramos obras de teatro y poesía, elaboradas para momentos comunitarios del Carmelo. Son obras marcadas por la simplicidad del lenguaje, pero también por un fuerte contenido religioso, cultural y formativo.

De las piezas teatrales[228], se presentan seis, la primera, escrita por Edith en 1920, con motivo de la boda de su hermana Erna, y las otras cinco elaboradas ya en el Carmelo: *Poesía festiva para la boda de Erna Stein - Hans Biberstein: Una cigüeña con dos bebés; Ante el trono de Dios; Yo estoy siempre con vosotros; Te Deum Laudamus; Diálogo nocturno; Para el 13 de junio de 1942 – Arcángel San Miguel* (onomástico de la priora del Carmelo de Echt), los tres últimos escritos ya en Echt.

En poesía[229], género literario muy cultivado en el Carmelo, se destacan diferentes poemas, que en las *Obras Completas* se nos presentan, par a par, en el idioma original y en su correspondiente traducción al castellano. Son de particular interés porque reflejan la profundidad de su vida interior, y algunos de ellos se refieren a la vida de clausura del Carmelo en ocasiones especiales. Así encontramos: *Madrugada de Pascua; Sacerdocio. En ocasión de las bodas de oro sacerdotales del prelado Joseph Schwind, 19 de agosto de 1926; Ya son 60 años completos; Canto al santo Padre José; La viña del Carmelo; Novena de Pentecostés; Tabernaculum Dei cum hominibus, 25 de mayo de 1937; Mater omnipotens; Signum Crucis;*

---

[228] Cf. Stein, *Obras completas*, vol. V, 689-742.
[229] Cf. Stein, *Obras completas*, vol. V, 758-831.

La santa Faz; Noche Santa, escrita con motivo del bautismo y la primera comunión de su hermana Rosa, el día de Navidad de 1939, en el Carmelo de Echt; *Quincuagésima 1938*; ¡*Juxta crucem tecum stare! Viernes Santo 1938; A la Madre Ottilia en Echt; "Yo estoy con vosotros"; San José, cuídanos; Me decían...*; ¡*Oh Madre Altísima!; A Dios Padre; Sentencias en el mes de junio de 1940; Transverberación; Al timón; Pax vobis!; La paz sea con vosotros; Profesión de la hna. María Rosa de Jesús (Rosa Stein);* ¡*Oh, Virgen Madre!; Esposa del Espíritu Santo; Sagrado Corazón de Jesús; Tú, sublime y eterno Señor.*

5.3.8. Otros escritos

Además de los escritos enumerados anteriormente, en esta etapa de la vida, en el Carmelo, 1933-1942, aparecen otros escritos específicos, como su *Cuaderno de notas personales*[230], con diferentes notas de su vida, incluyendo citas de *Quaestiones disputatae* de Santo Tomás o notas bíblicas y teológicas; *Notas necrológicas*[231], una breve biografía del canónigo Schwind y la religiosa Sor Inés, típica de la vida conventual carmelita; *Resúmenes de algunos ejercicios espirituales*[232] en los que participó; *Contribución a las crónicas del Carmelo de Colonia*[233], con notas tomadas de crónicas o breves resúmenes de crónicas del Carmelo de Colonia, probablemente con el objetivo de apoyar a la Madre Teresa Posselt en la redacción de la obra con motivo de los 300 años de la fundación del Carmelo de *Colonia; Fragmentos sobre algunas místicas carmelitas*[234], donde habla, esencialmente, de la Beata Ana de San Bartolomé (1549-1626) y María de la Trinidad (1889-1918); *Traducciones de varios*

---

[230] Cf. Stein, *Obras completas*, vol. V, 836-897.
[231] Cf. Stein, *Obras completas*, vol. V, 671-685.
[232] Cf. Stein, *Obras completas*, vol. V, 869-897.
[233] Cf. Stein, *Obras completas*, vol. V, 911-921.
[234] Cf. Stein, *Obras completas*, vol. V, 923-925.

libros espirituales o histórico-doctrinales[235], de los diversos idiomas, que dominaba (latín, griego, inglés, francés, holandés, español y polaco), insertados aquí, porque es solo una lista y no los textos traducidos.

También encontramos otros documentos históricos personales de Edith Stein y Cartas relacionadas con ella, como apéndices correspondientes a este período[236]: *Actas capitulares del Carmelo de Colonia*; *Actas del Capítulo del Carmelo de Echt*; *Imprimatur de Edith Stein*; *La profesión religiosa de Edith Stein*; *Profesión religiosa de votos perpetuos de Edith Stein*; Cartas de Rosa Stein, a varios; cartas de invitación para conferencias, entre otros.

5.4. Epistolar (1916-1942)

A todas estas obras y escritos hay que añadir, por el gran valor histórico-biográfico, su epistolar, las cartas escritas (y recibidas), que han llegado hasta nosotros. A través de ellos, es posible revisar su vida, sus pasos, sus sentimientos, sus relaciones, sus actividades... que se convierten en un precioso complemento a sus escritos autobiográficos. A través de ellos, es posible para nosotros trazar itinerarios, cruzar fronteras del tiempo y volver a visitar, aunque a distancia y en papel, una vida vivida con intensidad. Se desconoce el número de cartas escritas por Edith, ya que muchas posiblemente estarán en manos de particulares y muchas otras se han perdido. En las *Obras completas*, se publican 678 cartas[237] escritas por Edith entre 1916-1942. Además de estas, también encontramos otras misivas dirigidas[238] a Edith Stein, que, sufriendo el mismo problema que las autógrafas de Edith, se publicaron solo 273 en las *Obras Completas*.

---

[235] Cf. Stein, *Obras completas*, vol. V, 927-933.
[236] Cf. Stein, *Obras completas*, vol. I, 1662-1702.
[237] Cf. Stein, *Obras completas*, vol. I, 527-1413.
[238] Cf. Stein, *Obras completas*, vol. I, 1417-1656.

CONCLUSIÓN

«... no sabía que la piel de su rostro
se había vuelto radiante,
por haber hablado con el Señor...»
Ex 34,29

Parece apropiado concluir[239] con este versículo del libro del Éxodo, que ilustra la transformación de Moisés, quien, después de acercarse al Señor y recibir de Él las tablas de la Ley, al bajar del Monte Sinaí, sin darse cuenta, había sido transformado y transfigurado. El encuentro cara a cara con Dios transforma a Moisés de tal manera que la tez de su rostro se volverá resplandeciente. Moisés, el hombre que confió en la Palabra de Dios y guio a su pueblo, revela en su ser el encuentro transformador con Dios y la luz que irradiaba en su rostro, no siendo suya, transparece la luz de Dios, que alumbra verdaderamente. Moisés, por la luz divina que irradia, se convierte

---

[239] Esta conclusión recoge una parte proferida por el autor en la conferencia "Edith Stein: uma judía convertida entre as duas Guerras Mundiais", en diciembre de 2023, en la Catedral de Oporto, insertada en el Seminario de Historia Religiosa "Deus vult? Os cristãos e a guerra, do medievo à contemporaneidade", organizado por el Centro de Estudos de História Religiosa (CEHR) da Universidade Católica Portuguesa, con el apoyo del Cabildo de Oporto.

en un puente de comunicación entre Dios y el pueblo, presentando a Dios cercano e íntimo.

Edith Stein, porque hizo de la Verdad un camino de búsqueda y por haberse encontrado con la Cruz, «único sacrificio de Cristo, único mediador entre Dios y los hombres» (CEC 618), supo también irradiar esta luz divina en su rostro. En su vida, y a través de su muerte, no sólo fue intermediaria entre Dios y su pueblo, ofreciéndose como expiación por Él y por el bien común, sino que también fue comunicadora de la sabiduría y la ciencia que había descubierto, ensayado y experimentado, forjada en la Cruz y cimentada en la Verdad. A través del martirio, el rostro de Edith Stein sigue brillando la luz de Dios, de quien se había alimentado y en quien se había refugiado, convirtiéndose en un lugar sagrado, donde Cristo se acerca a sus hermanos y hermanas y donde la esperanza, la vida y la resurrección son más fuertes que la muerte. Durante su visita a Auschwitz-Birkenau, un lugar de memoria, el Papa Benedicto XVI, caminando por las lápidas de diferentes idiomas, que evocan a las víctimas de este lugar oscuro, destacó la lápida alemana, de la que «emerge ante nosotros el rostro de Edith Stein, Teresa Benedicta de la Cruz, judía y alemana, que juntamente con su hermana murió en el horror de la noche del campo de concentración nazi alemán; como cristiana y judía, aceptó morir junto con su pueblo y por él»[240]. Un rostro, símbolo de tantos rostros, que combina y resume, en sí mismo, el ser cristiano y el ser judío, continuando a resplandecer la esperanza que viene de Dios.

A partir de esta luz, que brilla en el rostro de Teresa Benedicta da Cruz, consecuencia de haber hecho de la Verdad un camino de búsqueda, estamos invitados a redescubrir que «la experiencia de esta mujer, que afrontó

---

[240] Papa Benedicto XVI, *Summus Pontifex invisit campum loci Auschwitz-Birkenau*, 483.

los desafíos de un siglo atormentado como el nuestro, es un ejemplo para nosotros: el mundo moderno muestra la puerta atractiva del permisivismo, ignorando la puerta estrecha del discernimiento y de la renuncia»[241], y, en la justa memoria, nos preguntarnos: ¿qué nos puede enseñar Edith Stein, en su apasionada búsqueda de la verdad? Ella, que buscó incansablemente la Verdad, que siguió diferentes caminos, que asumió una actitud crítica y valiente ante la vida y las cuestiones centrales de la persona humana, ¿cómo puede apasionarnos en la búsqueda de la Verdad? ¿Puede su testimonio seguir siendo válido hoy, 100 años después de su conversión y en un contexto completamente diferente, pero aún de guerras y conflictos, en un mundo cada vez más globalizado, pero igualmente atrapado por persecuciones y odios?

La grandeza y la singularidad de la vida de Edith Stein reside precisamente en esta búsqueda constante de la Verdad, sin contentarse con respuestas pequeñas y reduccionistas, sin perderse en atajos, a veces tan atractivos y tentadores. Edith asume, ante la vida y hacia la búsqueda de la verdad, una actitud crítica y sincera, que se combina con la sencillez y la capacidad de buscar siempre ver más allá de lo que aparece. Su actitud coherente y sincera, que busca continuamente respuestas a nuevas preguntas, en busca de la Verdad, constituye, desde el principio, una enseñanza y un ejemplo para hoy: «Santa Teresa Benedicta de la Cruz nos dice a todos: *No aceptéis como verdad nada que carezca de amor. Y no aceptéis como amor nada que carezca de verdad.* El uno sin la otra se convierte en una mentira destructora»[242]. Su existencia comprometida con la Verdad, hace de Edith Stein un modelo de vida perdurable para los tiem-

---

[241] Papa Juan Pablo II, *Homilía Teresia Benedicta a Cruce Sancta proclamatur*, 249.
[242] Papa Juan Pablo II, *Homilía Teresia Benedicta a Cruce Sancta proclamatur*, 249.

pos contemporáneos, validado por su coherencia, incluso en un contexto de persecución, especialmente hoy en que abundan los modelos y ejemplos autodenominados, que rápidamente aparecen y se desvanecen, desgastándose por su efímero, inestabilidad y falta de compromiso con la Verdad.

En una era de la tecnología, marcada por un sinfín de redes sociales, donde lo rápido, lo instantáneo y la imagen editada prevalecen sobre el contenido, sobre lo constante y duradero o sobre la realidad, Edith Stein se revela como un modelo de perseverancia y constancia, que evitando subterfugios, afronta las circunstancias de su vida y la realidad en la que se encuentra inserto con carisma y franqueza, asumiendo como prioridad la búsqueda de la verdad y sabiendo que ese camino no se hace a grandes zancadas, sino con pasos claros y firmes.

En estos tiempos globalizados por las redes sociales, que ofrecen voz libre a todo tipo de ruidos y rumores, tantas veces marcados por la facilidad y anonimato de estar al otro lado de una pantalla, y donde la autojustificación personal y colectiva de la falta de tiempo excusa el 'scrolling' de minutos, tras minutos, en una pantalla, que, sin ningún tipo de filtro o cribo, abre espacio y camino a estos ruidos, hace que la vida de Edith Stein emerja como paradigma, llevándonos a cuestionarnos lo que sucede a nuestro alrededor, a tener una actitud comprometida y actitud activa, crítica y constructiva de la sociedad, en la que nos insertamos, salvaguardando siempre la integridad de la persona, amparados, con Edith, en las palabras de Jesús «Todo aquel que vive de la Verdad, escucha mi voz» (Juan 18,37). Fue esta actitud implicada y pragmática la que Edith adoptó en su vida, tanto en su implicación en la vida civil como en su plena adhesión al cristianismo. Y es esta actitud la que nos enseña e impulsa hacia un compromiso serio y responsable, civil y cristiano, que no cede a la conmiseración ni a la autojustificación, sino que aprende a distinguir ruidos anónimos y ruidosos de voces firmes, seguras y proféticas.

En tiempos de respuestas inmediatas –SMS, *short message service*– y al segundo, bajo sentencia de vivir desactualizados o anticuados, Edith Stein puede enseñarnos que es posible emprender un camino de búsqueda continua, que se hace, paso a paso, donde cada uno, inserido, individualmente, en la historia y en la sociedad tiene espacio, lugar y tiempo en esta búsqueda persistente de la verdad, que no se pierde en atajos. Afectados por la información constante, al momento y al segundo, tantas veces guiada por la desinformación o para obedecer a agendas políticas, Edith Stein se erige como una figura profética y crítica, que enseña a desentrañar la información, que forma y da cuerpo y consistencia de la desinformación, que desvía y descentraliza y antepone los intereses al valor de la persona humana, al mismo tiempo, que con su vida nos hace descubrir y hacer palpable, en medio de tantas palabras, la Palabra de Jesús dirigida al Padre: «la Verdad es tu palabra» (Jn 17,17).

En una época marcada por *fake news* –término tan de moda hoy, pero contemporáneo de Edith Stein[243], y que se refiere a informaciones falsas o noticias publicadas o desinformación, deliberadamente, difundidas en los medios de comunicación– donde, fácilmente, se crean noticias, bajo cualquier pretexto o concepto, sin cualquier fundamento y con objetivos dudosos, que obedecen a intereses vagos y discutibles, donde se cosifica descaradamente a la persona humana, Edith Stein emerge como una "pastora" de la Verdad, que buscó toda su vida y la encontró en Jesucristo: «Yo soy el Camino, la Verdad y la

---

[243] Cf. Ciro Marcondes Filho, «Apresentação – Fake News: o Buraco é muito mais em baixo», en *As Fake News e a Nova Ordem (Des) Informativa na Era da Pós-Verdade: Manipulação, Polarização, Filter Bubbles* (Coimbra: Coimbra University Press, 2019), 18.

Vida» (Jn 14,6). Hizo de la verdad su camino de búsqueda y, habiéndola encontrado –o siendo más bien encontrado por ella– continuó buscándola, amándola y siguiéndola, como estímulo para su vida. Precisamente por eso, hoy se convierte en modelo para hombres y mujeres, creyentes o no, que buscan la verdad, aunque sea por caminos diferentes y de distintas maneras, y que intentan comprender, como ella, «el amor de Cristo y la libertad del hombre se entrecruzan, porque *el amor y la verdad tienen una relación intrínseca*»[244].

Al mismo tiempo, ¿qué caminos puede señalarnos Edith Stein desde esta Cruz, que se convirtió, en su vida, en punto de encuentro? ¿Cómo su vida puede ser hoy un paradigma de encuentro con la cruz, para tantos hombres y mujeres? ¿Cómo descubrir en esta Cruz de Cristo la sabiduría que la hizo adquirir la ciencia que la convirtió, con razón, especialista de la Cruz?

Por encima de todo, la vida de Edith Stein, en su grandeza y singularidad, señala caminos de esperanza y, al mismo tiempo, se erige como un modelo seguro y válido para lo que ahora se pone a prueba por la ofuscación de la esperanza (cf. EE 7). Edith Stein no es una mujer de otros tiempos, sino de hoy; su vida no fue hace siglos, sino 'ayer', ya que el siglo que vivió terminó hace poco más de 20 años. Y por eso trae consigo, en esa proximidad temporal, la responsabilidad de mantener vivo un pasado reciente, que no podemos olvidar ni dejar que se nos borre de nuestra memoria. Y esta proximidad nos convierte en "contemporáneos", en una contemporaneidad que se extiende más allá del tiempo y nos envuelve en una historia que se hace continua. Su vida, su honestidad intelectual y espiritual, su franqueza en el encuentro con la Cruz, hasta su encuentro final a través del marti-

---

[244] Papa Juan Pablo II, *Homilía Teresia Benedicta a Cruce Sancta proclamatur*, 249.

rio, son reflejos de la plenitud de vida, que configuran el sentido de la existencia y del vivir del mismo Jesús, que asumió la vida como un testimonio y Revelación del Padre en la Historia de la Humanidad. Y, como tal, su pasión por la búsqueda de la Verdad y su amor por la Verdad que la hacen buscarla, con dedicación y perseverancia, la impulsan a descubrir verdaderamente la Verdad en una persona: Jesucristo, entregándose a Él. Configurándose con Él e en Él, desde el momento en que lo encuentra y lo descubre, no descansando la búsqueda, sino continuando y asumiendo su identidad y misión. Es esta configuración y esta matriz de plenitud de vida las que hacen de Edith Stein también una "contemporánea" del mismo Jesús, ya que asume, en la búsqueda de la Verdad y en el encuentro con la Cruz, la responsabilidad de su vida, dadas las circunstancias históricas y la coyuntura concreta, que vive.

En una época en la que la muerte se oculta, evitando a toda costa el contacto con ella, enmascarándola y disimulándola, aunque, sin timidez, permitamos que las fiestas paganas que adoran y celebran la muerte penetren en nuestra cultura, en una época en la que la cruz se ha convertido para muchos en un simple adorno, colgado en el pecho, pero alejado del horizonte de la vida, Edith Stein emerge como modelo de discípula que, tomando la cruz, se pone en camino, siguiendo a Jesús, afrontando las consecuencias de asumir y tomar la cruz, incluso frente a «lo que se puede llamar una "cultura de la muerte"» (EE 9). Al final, sólo quien toma su cruz y lo sigue puede ser discípulo de Jesús (cf. Lc 14,27). Y en Edith Stein, «el misterio de la cruz envolvió poco a poco toda su vida, hasta impulsarla a la entrega suprema. Como *esposa en la cruz*, sor Teresa Benedicta no sólo escribió páginas profundas sobre la "ciencia de la cruz"; también recorrió hasta el fin el camino de la *escuela de la cruz*»[245]. El encuentro con la cruz hizo que Edith Stein intuyera la necesidad de comprometerse con ella y abrazarla como propia, no como alguien que busca el sufrimiento, sino como alguien que sabe que la Cruz de Cristo es signo de victoria sobre la muerte.

En un contexto donde el extremismo y el nacionalismo abundan aquí y allá, prometiendo falsa seguridad, con restos mohosos de antisemitismo, amparados en la xenofobia y el racismo, basando el discurso en ideologías que separan y destruyen, instigando al odio a las minorías y construyendo muros para salvaguardar los intereses de algunos, como si fueran de todos, buscando repetidamente la perfección de una raza, que no tolera a los diferentes, Edith Stein se erige como una profeta, que rompe el silencio, que desmonta la complacencia de la indiferencia y que nos insta a asumir una actitud de construcción de una sociedad fraterna y equitativa para todos, formando juntos un solo cuerpo (cf. 1Cor 12,13). Enséñanos a vivir, desde la persecución de la que fue víctima, poniendo en práctica una conducta crítica y constructiva, sin negar sus principios. Incluso prisionera en los vagones que la llevaron de Holanda a Polonia, atravesando toda Alemania, nos muestra la apertura de su corazón, arraigado en la Cruz, que supera fronteras, que transpone límites y, sobre todo, que crea puentes, más que muros que dividen. Es a la sombra de la Cruz donde descubre su identidad, que asume con valentía y convicción, ya que es ella la que da sentido a su herencia judía y al nuevo descubrimiento de la fe en Jesús: «la fe y la cruz fueron inseparables para ella. Al haberse formado

---

[245] Papa Juan Pablo II, *Homilía Teresia Benedicta a Cruce Sancta proclamatur*, 249-250.

en la escuela de la cruz, descubrió las raíces a las que estaba unido el árbol de su propia vida»[246].

En un momento en que Auschwitz, por lo que significó para miles y miles de hombres y mujeres, la mayoría de ellos judíos, se convirtió en un memorial viviente de lo que la barbarie humana es capaz de hacer, Edith Stein, víctima de esta persecución, surge como una denuncia profética de tantas injusticias de nuestros días, rápidamente olvidadas por la velocidad de la información o silenciadas por nuestra conciencia. No podemos vivir de memoriales del pasado. En ellos encontramos también el eco de la voz de las víctimas de hoy, que claman por justicia, porque también Jesús nos interpela: «¡Hipócritas! Sabéis distinguir el aspecto del cielo y de la tierra; ¿y cómo no distinguís este tiempo?» (Lc 12,56). Edith Stein, en la legítima memoria de Auschwitz, nos invita a escuchar el grito de quienes son víctimas de las guerras y persecuciones religiosas de hoy, a escuchar el grito de quienes pasan hambre o viven por debajo del umbral de pobreza, a escuchar el bramido de que son marionetas en manos de poderosos del comercio y tráfico de armas, a escuchar a los sin voz y a los impotentes, que, olvidados, piden justicia, piden pan, piden voz...

En estos tiempos que las guerras vuelven a tener palco en este viejo continente, como el caso de Ucrania y Rusia, Israel y Palestina –que se suman otros conflictos como en Somalia, Siria, Malí, Níger, Burkina Faso, Yemen, Mozambique, Etiopia, República Democrática del Congo, Birmania o Afganistán– con invasiones y persecuciones, sin respecto por fronteras que garantizan la sana convivencia entre países, sin honrar alianzas de paz, sin considerar acuerdos políticos o ignorando simplemente la vida y dignidad de la persona, urge recuperar la santi-

---

[246] Papa Juan Pablo II, *Homilía Teresia Benedicta a Cruce Sancta proclamatur*, 250.

dad sembrada y testimoniada por tantos hombres y mujeres a lo largo de la historia. Eses tantos santos, «los que así han sido proclamados oficialmente por la Iglesia, sino también de los que, con sencillez y en la existencia cotidiana, han dado testimonio de su fidelidad a Cristo» (EE 14) forman un coro que claman la urgencia de la paz, imploran el silencio de las armas, piden y enseñan que es posible la fraternidad y la convivencia entre todos, aunque diferentes, pues fueron ellos, como Teresa Benedicta de la Cruz, que «han construido la Europa como edificio espiritual y moral, dejando a la posteridad la herencia más preciosa» (EE 14).

A par de las guerras, el terrorismo y persecuciones, la crisis climática y el hambre, conllevan a un desplazamiento de millones de personas en todo el mundo, como refugiados: según la Agencia de la ONU para los Refugiados, a finales del año 2022, se figura 108,4 millones de desplazados, víctimas de «persecución, conflicto, violencia, violaciones a los derechos humanos o acontecimientos que alteraron gravemente el orden público»[247]. Estos millones de personas, hombres, mujeres y niños, jóvenes y mayores, comparten la triste realidad experimentada por otros tantos millones, en los finales de la primera década del siglo pasado, entre los cuales Edith Stein y su familia. Teresa Benedicta de la Cruz, por su experiencia de desplazada por la fuerza, nos motiva y encoraja «para ampliar las perspectivas hasta abarcar las exigencias de toda la familia humana» (EE 101).

Edith Stein es, claramente, nuestra contemporánea, lo que nos hace responsables y nos implica, aún más, en la construcción de una sociedad más fraterna e igualitaria, donde todos tienen lugar y que nos impulse a un au-

---

[247] ACNUR, «Tendencias Globales de Desplazamiento Forzado 2022», acedido a 7 de octubre de 2023, https://www.acnur.org/es-es/media/tendencias-globales-de-desplazamiento-forzado-2022.

téntico «compromiso al servicio de la libertad y en nuestra búsqueda de la verdad»[248]. Teresa Benedicta da Cruz, como paradigma de estos tiempos, tan diferentes y tan similares, se destaca como modelo a imitar, consciente de la urgencia de la sociedad actual tan necesitada de Dios y de la Verdad, que libera (cf. Jn 8,32). y nos enseña a «descubrir que Cristo es el futuro del Hombre» (EE 20).

En 1939, en una carta a su cuñado Hans Biberstein, comentaba:

> ¿Sabremos nosotros si los acontecimientos de nuestros días llegarán a ser "historia"? Tengo grandes deseos de ver todo esto, por una vez, a la luz de la eternidad. Pues entonces una se da cuenta más claramente de lo ciegos que estamos para todo. Nos asombramos viendo cómo antes se han mirado muchas cosas al revés, y en la próxima ocasión se vuelve a cometer el error: formarse un juicio sin tener los elementos necesarios para ello[249].

Sepamos vivir respetuosamente por la historia, que hoy Edith Stein ve a la luz de la eternidad. No dejemos que los errores del pasado nos sorprendan y se vuelvan a cometer. Que su actitud, de hacer de la verdad un camino de búsqueda y de la cruz un punto de encuentro, sea un eco perdurable que resuene en el corazón de los hombres y mujeres de buena voluntad e impulse en cada individuo y en la humanidad el deseo de escudriñar este camino.

Que después de haber celebrado el centenario de su conversión (1921-2021) y, consecuentemente, haber evocado los 100 años de su Bautismo (1 de enero de 2022), la celebración de los 25 años de la proclamación

---

[248] Papa Juan Pablo II, *Homilía Teresia Benedicta a Cruce Sancta proclamatur*, 250.
[249] Stein, Carta 608 (26.III.1939), Obras completas, vol. I, 1328-1329.

de Santa Teresa Benedicta de la Cruz copatrona de Europa, nos haga redescubrir esta figura única del siglo pasado, cuya actitud y pensamiento, vida y trabajo, testimonio y martirio siguen siendo válidos para el mundo y para Europa, que «necesita dar un salto cualitativo en la *toma de conciencia de su patrimonio espiritual*» (EE 120).

¡Santa Teresa Benedicta de la Cruz,
ruega por nosotros!

CÉSAR COSTA, CP
Santa Maria da Feira, 9 de agosto de 2024,
memória litúrgica de Santa Teresa Benedicta de la Cruz,
82 años después de su martirio.

BIBLIOGRAFÍA

ACNUR. «Tendencias Globales de Desplazamiento Forzado 2022». Acedido a 07 de octubre de 2023. https://www.acnur.org/es-es/media/tendencias-globales-de-despla zamiento-forzado-2022.

(Posselt), M. Teresa Renata del Espíritu Santo. *Edith Stein. Una gran mujer de nuestro siglo*. Burgos: Monte Carmelo, 1998.

Batzdorff, Susanne Mª. *Mi tía Edith. La herencia judia de una santa católica*. Madrid: Editorial de Espiritualid, 2001.

Bea Pérez, Emilia. «Edith Stein, hija del Pueblo judío e hija de la Iglesia». En *Para compreender a Edith Stein*, editado por Urbano Ferrer, 95-151. Madrid: Biblioteca Palabra, 2008.

Benedicto XVI, Papa. *Summus Pontifex invisit campum loci Auschwitz-Birkenau*. AAS 98 (2006): 480-484.

Bouflet, Joaquín. *Edith Stein: Filósofa crucificada*. Santander: Editorial Sal Terrae, 2001.

Caballero Bono, José Luis. «La respuesta doctrinal y vital de Edith Stein al nacionalsocialismo». En *Tres filósofas ante el nazismo*, coord. por María del Carmen Dolby Múgica, 15-97. Santander: Ediciones Tantín, 2020.

Caballero Bono, José Luis. «Las condiciones de uma Autobiografia». En *Para compreender a Edith Stein*, editado por Urbano Ferrer, 153-184. Madrid: Biblioteca Palabra, 2008.

Catecismo de la Iglesia Católica. Último acceso: 23 de abril de 2023. https://www.vatican.va/archive/catechism_sp/index_sp.html.

Concílio Ecuménico Vaticano II. Constitución Pastoral *Gaudium et Spes*. AAS 58 (1966): 1025-1115.

Costa, César. «Razão, Emoção e Inteligência Espiritual en Edith Stein». Revista *Cenáculo* 187 (2008): 81-100.

Courtois, René. «Filha de Israel, Edith Stein (1891-1943)». En *Convertidos do Século XX*. Editado por F. Lelotte, 61-76. Rio de Janeiro: Agir Editora, 1966.

Filho, Ciro Marcondes. «Apresentação – Fake News: o Buraco é muito mais em baixo». En *As Fake News e a Nova Ordem (Des)Informativa na Era da Pós-Verdade: Manipulação, Polarização, Filter Bubbles.* Coimbra: Coimbra University Press, 2019.

Fiore, Augusta. *Edith Stein fra filosofía, ebraísmo y cristianismo.* Nápoles: Chirico, 2017.

García Lozano, Rafael Ángel. «Edith Stein: entre el nazismo y la esperanza». En *Actas X Congreso Católicos y Vida Pública: "Cristo, la esperanza fiable"*, Universidad CEU San Pablo, 423-430. Madrid: CEU Ediciones, 2009.

García Muñoz, Florencio. *Benedicta de la Cruz. Edith Stein, signo de contradicción.* Madrid: San Pablo, 2007.

García Rojo, Ezequiel. *Edith Stein: existencia y pensamiento.* Madrid: Editorial de Espiritualidad, 1998.

García Rojo, Ezequiel. *La sencilla verdad de Edith Stein. Vivir en las manos del Señor.* Madrid: Editorial de Espiritualidad, 2011.

García Rojo, Ezequiel. *Sé para qué vivo. Biografía interior de Edith Stein.* Burgos: Grupo Editorial Fonte, 2016.

García Rojo, Ezequiel. *Una mujer ante la verdad: aproximación a la filosofía de Edith Stein.* Madrid: Editorial de Espiritualidad, 2002.

García, Ciro. *Edith Stein: Una espiritualidad de frontera*. Burgos: Monte Carmelo, 1999.

Gerl-Falkovitz, Hanna Barbara. «Essere finito ed essere eterno. L'uomo come immagine della Trinità». En *Edith Stein, Testimoni di oggi, Profeta per domani - Atti del Simposio Internazionale*, Roma - Teresianum, 7-9 ottobre 1998, editado por J. Sleiman e L. Borriello, 269-291. Vaticano: Libreria Editrice Vaticana, 1999.

Juan Pablo II, Papa. Carta Apostólica: *Motu Proprio datae quibus Sancta Birgitta de Suetia, Sancta Catharina Senensis et Sancta Teresia Benedicta a Cruce continentalis Europae compatronae proclamantur*. AAS 92 (2000): 220 a 229.

Juan Pablo II, Papa. Exhortación apostólica postsinodal *Ecclesia in Europa*. AAS 95 (2003): 649 a 719.

Juan Pablo II, Papa. Homilía *Ob decreta Servae Dei Edithae Stein Beatorum caelitum honores*. AAS 80 (1988): 297 a 305.

Juan Pablo II, Papa. Homilía *Teresia Benedicta a Cruce Sancta proclamatur*. AAS 91 (1999): 246 a 250.

Keller, Werner. *História do Povo Judeu. Da Destruição do Templo ao Novo Estado de Israel*. Traduzido por Brito Roma. Alfragide: Galeria Panorama, 1966.

Kershaw, Ian. *De volta do inferno: Europa, 1914-1949*. s. l.: Companhia das Letras, 2016. Kindle.

Kershaw, Ian. *Hitler*. s. l.: Companhia das Letras, 2008. Kindle.

Laboa, Juan María. *Los Papas del siglo XX*. Madrid: BAC, 1998.

Lenzen, Gregor. «"Aveva un grande amore per l'Inghilterra" - Domenico Barberi e la conversione di J. H. Newman». Revista *La Sapienza della Croce* Ano XX, 1 (enero-marzo 2005): 65-71.

Matre Dei, Theresia a. *Edith Stein: En busca de Dios*. Traducido por R. Velasco Beteta. n. l.: Editorial Verbo Divino, 1969.

MIER, FRANCISCO DE. *Trilogía de la Pasión: Pasión de Dios, Pasión de Cristo, Pasión de los Hombres*. Madrid: Publicaciones Claretianas, 1993.

MIRIBEL, ELISABETH DE. *Edith Stein, como o ouro purificado pelo fogo*. s. l.: Editora Santuário, 2001.

PASCUAL, LAURENTINO NOVOA. «Edith Stein: Pasión por la Verdad, Pasión por Dios». *Revista STAURÓS, Teología de la Cruz* 39 (2003): 67-90.

PAYNE, STEVEN. «Edith Stein y S. Giovanni della Croce». En *Edith Stein, Testimoni di oggi, Profeta per domani - Atti del Simposio Internazionale*, Roma - Teresianum, 7-9 de octubre de 1998, editado por J. Sleiman y L. Borriello, 251-268. Vaticano: Libreria Editrice Vaticana, 1999.

PIÑEIRO, FÉLIX OCHAYTA. *Edith Stein nuestra hermana*. Sigüenza: s. ed., 1991.

QUAGLIETTA, ANTONIO. *Empatia e teoria della conoscenza in Edith Stein*. Roma: IF Press, 2018.

RAMOS, ANTÓNIO MOITEIRO. *Onde está a verdade? Busco-a com paixão. Por fim encontrei a Verdade!* Aveiro: Carmelo de Cristo Redentor, 2018.

RANFF, VIKI. *Edith Stein: En busca de la verdad*. Madrid: Biblioteca Palabra, 2005.

RUSSO, MARIA TERESA. «La experiencia mística desde la fenomenogía: Edith Stein y el Castillo interior de Teresa de Ávila». *Steiniana, Revista de Estudios interdisciplinarios*, vol. II, 2 (2018): 60-80.

SANCHO FERMÍN, FRANCISCO JAVIER. «A sua obra escrita». *Revista de Espiritualidade* 99-100 (julho-dezembro 2017): 193-206.

SANCHO FERMÍN, FRANCISCO JAVIER. «Dentro del sanjuanismo moderno: la "Ciencia de la Cruz" de Edith Stein». Revista *Teresianum* 44 (1993): 323-352.

SANCHO FERMÍN, FRANCISCO JAVIER. «Edith Stein carmelitana: ambiente e spiritualità». En *Edith Stein, Testimoni di oggi, Profeta per domani - Atti del Simposio Internazionale*,

Roma - Teresianum, 7-9 ottobre 1998, editado por J. Sleiman e L. Borriello, 204-222. Vaticano: Libreria Editrice Vaticana, 1999.

SANCHO FERMÍN, FRANCISCO JAVIER. «Os escritos de Edith Stein». *Revista de Espiritualidade* 99-100 (julho-dezembro 2017): 207-218.

SANCHO FERMÍN, FRANCISCO JAVIER. *100 Fichas sobre "Edith Stein"*. Paço de Arcos: Edições Carmelo, 2008.

SANCHO FERMÍN, FRANCISCO JAVIER. *Edite Stein: Modelo de uma mulher cristã*. Traduzido por M. Reis. s. l.: Edições Carmelo, 2004.

SESÉ, JAVIER. «La 'ciencia de la cruz': la enseñanza de San Juan de la Cruz, a la luz del pensamiento de la Beata Edith Stein». Revista *Scripta Theologica* 23 (1991): 643-665.

SILVA, CARLOS H. DO C. «Ciência da cruz ou experiência mística? A propósito de Edith Stein e Jean Baruzi sobre Juan de la Cruz». Revista *Didaskalia* XXXVIII (2008): 349-414.

STEIN, EDITH. *Obras completas. Escritos y cartas autobiográficas.* Dirigida por Julen Urkiza y Francisco Javier Sancho. Vol. I. Vitoria, Madrid, Burgos: Editorial Monte Carmelo, Ediciones El Carmen, Editorial de Espiritualidad, 2002.

STEIN, EDITH. *Obras completas. Escritos Antropológicos y Pedagógicos (Magisterio de vida cristiana: 1926-1933).* Dirigida por Julen Urkiza y Francisco Javier Sancho. Vitoria, Madrid, Burgos: Editorial Monte Carmelo, Ediciones El Carmen, Editorial de Espiritualidad, 2003.

STEIN, EDITH. *Obras completas. Escritos espirituales (En el Carmelo Teresiano: 1933-1942).* Dirigida por Julen Urkiza y Francisco Javier Sancho. Vol. V. Vitoria, Madrid, Burgos: Editorial Monte Carmelo, Ediciones El Carmen, Editorial de Espiritualidad, 2004.

STEIN, EDITH. *Obras completas. Escritos filosóficos (etapa fenomenológica: 1915-1920).* Dirigida por Julen Urkiza y Francisco Javier Sancho. Vol. II. Vitoria, Madrid, Burgos:

Editorial Monte Carmelo, Ediciones El Carmen, Editorial de Espiritualidad, 2005.

STEIN, EDITH. *Obras completas. Escritos filosóficos (Etapa de pensamiento cristiano: 1921-1936)*. Dirigida por Julen Urkiza y Francisco Javier Sancho. Vol. III. Vitoria, Madrid, Burgos: Editorial Monte Carmelo, Ediciones El Carmen, Editorial de Espiritualidad, 2007.

STEIN, EDITH. *Ciencia de la Cruz*. Introducción y notas de Francisco Javier Sancho Fermín. Burgos: Monte Carmelo, 2006.

STEIN, EDITH. *Estrellas amarillas. Autobiografía: infancia y juventud*. Traducido por Carlos Castro Cubells y Ezequiel García Rojo. Madrid: Editorial de Espiritualidad, 2006.

STEIN, EDITH. *La Pasión por la Verdad*. Introducción, traducción y notas de Andrés Bejas. Buenos Aires: Editorial Bonum, 2003.

SZULC, TAD. *El Papa Juan Pablo II*. Traduzido por Jordi Beltrán. Barcelona: Ediciones Martínez Roca, 1995.

TERESA DE JESÚS, SANTA. *Obras Completas*. Tradução de Agostinho dos Reis Leal. Introdução e notas de Tomás Álvarez e Maximiliano Herráiz. Marco de Canaveses: Edições Carmelo, 2015.

VATICAN NEWS. «A Noite dos Cristais de 1938, antecâmara do Holocausto». Acedido a 11 de octubre de 2023. https://www.vaticannews.va/pt/mundo/news/2020-11/noite-cristais-holocausto-antissemitismo.html.